CONTABILIDADE
DIGITAL

EDSON OLIVEIRA

CONTABILIDADE DIGITAL

- AUDITORIAS ELETRÔNICAS
- CONTABILIDADE GERENCIAL
- ENTERPRISE RESOURCES PLANNING (ERP)
- SISTEMA PÚBLICO DE ESCRITURAÇÃO DIGITAL (SPED)

SÃO PAULO
EDITORA ATLAS S.A. – 2014

Capa: Zenário A. de Oliveira
Composição: Formato Serviços de Editoração Ltda.

Dados Internacionais de Catalogação na Publicação (CIP)
(Câmara Brasileira do Livro, SP, Brasil)

Oliveira, Edson
Contabilidade digital / Edson Oliveira. – –
São Paulo: Atlas, 2014.

Conteúdo: Auditorias eletrônicas – Contabilidade gerencial – Enterprise Resources Planning (ERP) – Sistema Público de Escrituração Digital (SPED)
Bibliografia.
ISBN 978-85-224-9130-8
ISBN 978-85-224-9131-5 (PDF)

1. Auditoria 2. Contabilidade 3. Contabilidade gerencial 4. Sistema Público de Escrituração Digital 5. Sistemas de informação gerencial
I. Título.

14-05849
CDD-657

Índice para catálogo sistemático:

1. Contabilidade gerencial 657

Depósito legal na Biblioteca Nacional conforme Lei nº 10.994, de 14 de dezembro de 2004.

Impresso no Brasil/*Printed in Brazil*

Editora Atlas S.A.
Rua Conselheiro Nébias, 1384
Campos Elísios
01203 904 São Paulo SP
011 3357 9144
atlas.com.br

SUMÁRIO

APRESENTAÇÃO

É com grande satisfação que apresento este livro aos leitores, em especial os estudantes dos cursos de Administração, Ciências Contábeis e de Tecnologia da Informação. Eles serão os principais beneficiários de seu conteúdo porque, quando estiverem atuando na profissão, terão a oportunidade de colocar em prática várias informações que são apresentadas neste trabalho.

A ideia de compartilhar minha experiência profissional surgiu da percepção de existência de uma enorme lacuna no mercado sobre alguns temas que constam deste livro, principalmente aqueles relacionados ao uso da tecnologia associada à prática contábil e demais atividades administrativas que são desenvolvidas, principalmente, nas médias e grandes empresas. Esta experiência é fruto do trabalho que desenvolvo em meu dia a dia atuando por mais de vinte e dois anos na função de Gerente Contábil e Financeiro.

O leitor interessado terá também a oportunidade de perceber muitos problemas que acontecem na rotina de trabalho de quem atua na contabilidade de uma empresa, além de conhecer os desafios que os profissionais da área precisam enfrentar para superar essas dificuldades e cumprir suas obrigações diárias.

O livro foi estruturado em cinco capítulos e um apêndice. Ele inclui também, a título de complemento, vários arquivos eletrônicos, cujas matrizes estão disponíveis no *site* da editora Atlas. Esses arquivos serão atualizados sempre que necessário e estão livres para qualquer adaptação de uso por quem tiver interesse.

Visando enfatizar a importância da contabilidade e o seu envolvimento com as diversas áreas da empresa, faço referência, no Capítulo 2, à contabilidade gerencial. Neste capítulo demonstro a importância da utilização de recursos tecnológicos que possibilitem um bom gerenciamento das informações registradas na contabilidade. Comento também sobre a evolução verificada nos conceitos e nos procedimentos adotados atualmente pela contabilidade, considerando o uso de novas tecnologias e as mudanças verificadas na legislação vigente, principalmente a societária e a tributária.

O avanço na utilização de aplicativos ocorreu a partir do ano 2000. Desse período em diante houve significativo crescimento do uso de sistemas integrados de controles internos, conhecidos como *Enterprise Resources Planning* (ERP), sigla em inglês que, em tradução livre para o português, pode ser definida como Planejamento de Recursos Empresariais (PRE).

Em 2007, o Governo Federal instituiu o Sistema Público de Escrituração Digital – SPED, que resultou em mais mudanças na forma de registrar e de enviar informações para a Receita Federal do Brasil. A partir da instituição do SPED, o órgão federal de arrecadação e controle de tributos passou a exigir a apresentação de várias declarações dos contribuintes Pessoa Jurídica. Em decorrência dessas mudanças, definidas por meio de alterações na legislação específica, as empresas e os escritórios de contabilidade passaram a utilizar amplamente os aplicativos informatizados. A emissão de documentos por meios eletrônicos, principalmente as notas fiscais eletrônicas (NF-e), passou também a ser obrigatória para muitas empresas.

Este livro visa proporcionar aos estudantes e demais interessados no assunto o conhecimento necessário para o bom desempenho de sua profissão, a partir de uma nova realidade que envolve a legislação tributária e os aspectos gerenciais e societários das médias e grandes empresas, com reflexos significativos nos controles internos em função da utilização da rede mundial de computadores (Internet) e da Tecnologia da Informação (TI) como principal instrumento de trabalho.

O Autor

Capítulo 1

GRANDES ÁREAS DA EMPRESA

Termos utilizados neste capítulo

Área: ambiente operacional de uma empresa. Lugar onde são desenvolvidas atividades específicas. São conhecidas também por macroambientes e podem estar distantes geograficamente umas das outras. A área de produção, por exemplo, pode estar localizada no interior de determinado estado e a área administrativa na capital desse estado ou até mesmo em outra unidade da Federação.

Classificação contábil: para realizar um lançamento na contabilidade, é preciso identificar com clareza a natureza da operação, a essência do fato, o reflexo sobre o patrimônio da empresa e registrar essa operação em pelo menos duas contas distintas (sistema de partida dobrada). A escolha adequada dessas contas é que vai caracterizar a correta classificação contábil. A título de exemplo, o registro da folha de pagamento de uma indústria tem classificações diferentes: o salário do pessoal ligado diretamente à produção é custo e o salário do pessoal da área administrativa e da área de vendas é despesa.

Controle: é a forma de acompanhamento detalhado de uma atividade. Esse detalhamento envolve localização física, estado de conservação, valor de aquisição, valor residual (quando for o caso) e eventuais comprometimentos – a penhora incidente sobre um determinado bem, por exemplo.

Convergência: ponto comum de destino ou de modo de proceder. Busca pela uniformidade de procedimento em alguma atividade específica.

Estrutura organizacional: forma como uma organização foi criada e estruturada, com definição das atividades que são desenvolvidas em todas as áreas, atribuições das pessoas e níveis de responsabilidade. A estrutura organizacional é representada graficamente por meio do organograma.

Gestão: o mesmo que atuação, controle, administração.

Interligadas: vinculadas no sentido do fluxo de atividades operacionais. A contabilidade está interligada (ligada internamente) a quase todas as áreas de uma empresa de grande porte.

Integrada: do ponto de vista operacional, é uma atividade que se complementa de forma automática, quando ela for vinculada a outra, no que diz respeito ao fluxo de informação. A contabilidade trabalha de maneira integrada com diversas áreas da empresa, ou seja, ela recebe informações dessas áreas sem precisar refazer o trabalho. Exemplo: o registro de entrada da compra de mercadoria é feito inicialmente no Almoxarifado ou no Depósito Central da empresa. Esse mesmo registro é reconhecido pela contabilidade da empresa, mediante um procedimento de importação de dados. A contabilidade não precisa mais efetuar o lançamento do documento fiscal que deu origem à entrada da mercadoria.

Kardex: ficha para registrar anotações de controle. Conhecida no conceito contábil mais antigo como ficha de controle de estoque e também de controle de bens do ativo imobilizado.

Núcleo: parte central de determinada atividade. Ponto principal de um ambiente ou espaço, onde ficam guardadas e centralizadas informações importantes.

Porte da empresa: associado ao conceito de tamanho da empresa, cuja mensuração tem como parâmetros principais o faturamento anual e a quantidade de empregados.

Provisão: registro contábil baseado em estimativa. Sujeita a modificações, a provisão deve refletir, sempre que possível, uma situação que mais se aproxime da realidade.

Registros contábeis: anotações realizadas por meio de lançamentos e baseadas em documentos que dão suporte a essa anotação. O mesmo que lançamento contábil.

1.1 ESTRUTURAS ORGANIZACIONAIS

As empresas de médio e de grande porte desenvolvem suas atividades em vários ambientes. A contabilidade é o local de convergência de muitas informações geradas nesses ambientes. Pode-se afirmar que a contabilidade toma conhecimento de muitas decisões da administração, mesmo que os detalhes dessas informações estejam em áreas específicas. O registro na contabilidade de uma questão trabalhista é um exemplo disso. Os detalhes sobre o andamento do processo podem estar no Departamento Jurídico, mas a contabilidade toma conhecimento da causa e do valor que precisa ser registrado a título de provisão para contingência trabalhista.

Para fins didáticos, considero que integram a estrutura de uma empresa de médio ou de grande porte, como fontes geradoras de informações para a administração geral, as seguintes áreas:

- Administrativa.
- Comercial.
- Contábil.
- Financeira.
- Produtiva.

A figura apresentada a seguir ilustra esta divisão por áreas de uma empresa. Neste modelo, a contabilidade é considerada o núcleo do fluxo de informações. Este não é um padrão de estrutura organizacional, pois há empresas que terceirizam a sua atividade contábil e, em decorrência, a contabilidade fica fora do organograma.

Esta divisão baseia-se na ideia de que as empresas industriais devem praticar atividades administrativas (compra material de manutenção e de matéria-prima, por exemplo), produzir bens e em seguida vender esses produtos. Esta é uma sequência razoavelmente lógica das atividades de uma indústria.

É correto afirmar que, na prática, essas atividades estão inteiramente interligadas. Ainda com base nesse raciocínio, as empresas comerciais e de serviços teriam, portanto, quatro grandes áreas: administrativa, comercial, financeira e contábil. Há, contudo, autores que consideram a existência de atividades produtivas nas empresas de serviços. Do ponto de vista contábil, todavia, há diferenças consideráveis no tratamento dos registros de fatos ocorridos na indústria em relação aos que acontecem em uma empresa de serviços. Esse mesmo raciocínio se aplica também para os fatos ocorridos nas empresas comerciais, cujo tratamento contábil é diferente em relação a uma indústria. Os conceitos de custos e despesas são exemplos bem apropriados dessa diferença de tratamento na classificação contábil.

GRANDES ÁREAS

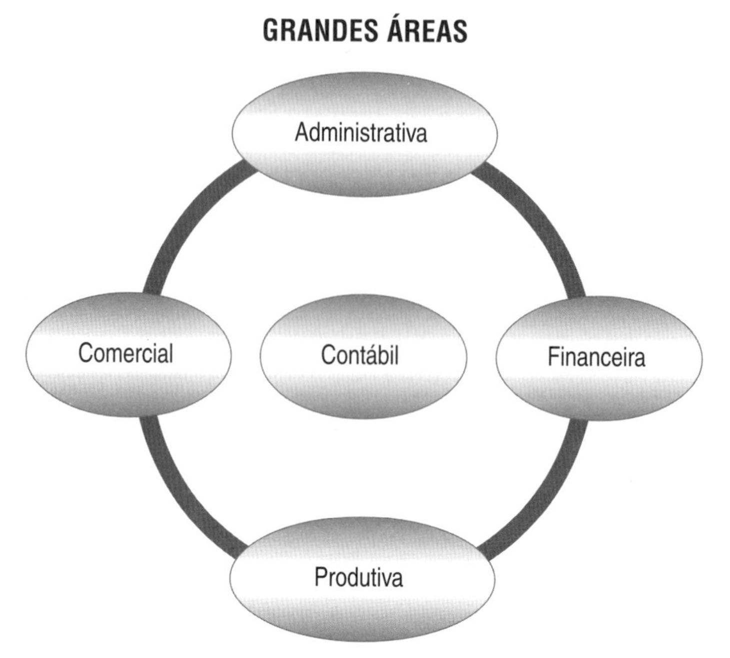

Fonte: Elaborada pelo autor.

Durante várias décadas atribuiu-se à contabilidade a ideia de atividade de controle. Era compreensivo aceitar esse pensamento porque a contabilidade, de maneira geral, praticava muitos procedimentos de controle. Em decorrência disso, ela representava a mais importante fonte de informação interna das empresas e instituições em geral. Atualmente estes conceitos precisam ser revistos, pois, nas grandes empresas, os controles internos são produzidos fora do ambiente da contabilidade.

Detalhes sobre os clientes eram obtidos na contabilidade. Existia uma ficha individual, conhecida por *Kardex*, que registrava todas as operações com determinado cliente e resumia essas informações na ficha sintética Clientes – Contas a Receber, uma conta contábil do Ativo Circulante. Essa ficha também era utilizada para outros controles, principalmente o controle de estoques.

A quantidade dos registros na conta Clientes – Contas a Receber variava em função do porte da empresa. Uma empresa de porte nacional, por exemplo, podia registrar seus clientes por estado ou por região, dependendo da conveniência da informação.

Da mesma forma, a conta de Fornecedores efetuava registros analíticos e sintéticos, praticando o mesmo mecanismo utilizado para a conta Clientes – Contas a Receber e para a conta Estoques.

Com a evolução da Tecnologia da Informação (TI), os registros na contabilidade passaram a ser integrados com várias áreas da empresa. Isso significa que muitos controles analíticos passaram a ser praticados fora do ambiente da contabilidade.

Para melhor compreensão desse processo, apresento a seguir a relação que existe entre a contabilidade e as diversas áreas operacionais da empresa, considerando-se a utilização plena dos sistemas integrados de controles internos.

1.2 ÁREA ADMINISTRATIVA

A área administrativa é muito ampla e, dependendo do porte da empresa, gera e controla muitas informações importantes.

Algumas atividades desenvolvidas pela área Administrativa são:

- Gestão de Pessoal.
- Gestão de Estoque Administrativo.
- Gestão Patrimonial.
- Gestão de Segurança.

Observe que, em um passado já distante, essas atividades eram praticadas e controladas pela contabilidade, até mesmo nas grandes empresas.

Gestão de pessoal

É responsável pelo recrutamento, seleção, admissão, controle e demissão de empregados. Também são gerados pela Gestão de Pessoal alguns relatórios importantes que precisam ser apresentados, mensalmente, de forma resumida, à contabilidade. São exemplos desses relatórios:

- Resumo mensal da folha de pagamento.
- Mapa de provisão mensal de férias.
- Mapa de provisão mensal de décimo terceiro salário.
- Resumo mensal dos encargos sociais e trabalhistas.
- Distribuição mensal de vale-transporte.
- Distribuição mensal de tíquete e de vale-alimentação.
- Resumo mensal de férias concedidas.

A contabilidade que atua de forma integrada com a Gestão de Pessoal importa, diretamente do sistema utilizado pela área de recursos humanos, a maioria desses relatórios. Após conferência minuciosa, as informações são registradas em contas específicas na contabilidade, caracterizando a provisão mensal de despesas e obrigações, quando for o caso.

Gestão de estoque administrativo

A Gestão de Estoque Administrativo cuida da aquisição, controle e distribuição dos estoques que serão consumidos nas demais áreas da empresa. Um exemplo fácil desse tipo de estoque é o café adquirido para servir aos empregados e visitantes. Trata-se de um estoque que vai virar despesa, no momento em que for requisitado para o consumo. As lâmpadas de reposição, os materiais utilizados por impressoras e o material aplicado na limpeza da empresa são também exemplos de materiais administrados pela Gestão de Estoque Administrativo.

Importante observar que no sistema convencional de registro, na contabilidade mecanizada, esse estoque era registrado em uma única conta junto com outros itens de estoque para revenda, nas empresas comerciais, ou então no estoque produtivo, nas empresas industriais. O registro era feito em uma conta única do Ativo Circulante chamada simplesmente de Estoque.

> **A partir dos recursos tecnológicos existentes atualmente, com muita facilidade para cadastrar e implantar contas analíticas, a boa técnica sugere uma conta específica para registrar a movimentação do estoque que vira despesa, a exemplo dos materiais de uso e consumo, e contas distintas para registrar os demais tipos de estoque. O estoque administrativo vira despesa quando da sua requisição para uso.**

Exemplo: a empresa adquire material de limpeza e registra a entrada no almoxarifado, em conta de estoque de material de limpeza. Enquanto esse material não for requisitado internamente ele continuará como item de estoque para consumo, mas em determinado momento ele será solicitado para uso e classificado como despesa do período (geralmente do mês solicitado) no valor do montante requisitado naquela data. Nos sistemas integrados, cada requisição gera um registro de movimentação do estoque. Ressalte-se que as requisições são eletrônicas e geradas no mesmo aplicativo que controla o estoque de outros materiais, com destaque apenas para a destinação que será dada àquela requisição de estoque.

Gestão patrimonial

A Gestão Patrimonial é o gerenciamento dos bens da empresa, com destaque para os itens do Imobilizado. A atividade exige conhecimento de legislação específica, mas é pouco dinâmica. Somente em empresas que têm muita movimentação dos bens patrimoniais o controle é mais difícil. Isso porque nessas empresas há necessidade de monitorar a localização exata do bem, seu estado físico, o tempo de vida útil e suas condições de uso. Uma locadora de equipamentos industriais, por exemplo, necessita de rigoroso controle de seus bens locados e as condições de conservação e uso dos mesmos.

A contabilidade deve receber, mensalmente, de forma resumida, relatórios com informações sobre aquisição, baixa, depreciação e saldo a depreciar de todos os bens da empresa. Os relatórios devem ser gerados pelo Setor que controla os bens patrimoniais e podem ser importados diretamente do sistema, através do módulo integrado.

A contabilidade não deve manter controles analíticos dos bens da empresa, mas precisa ter contas que identifiquem os grupos de bens e suas respectivas depreciações acumuladas.

Os sistemas integrados permitem a geração de vários relatórios gerenciais dos bens patrimoniais, a partir do módulo gerencial da contabilidade. Detalhes sobre a vida de cada bem devem ser controlados no módulo próprio da Gestão Patrimonial. Exemplo de detalhe sobre um bem patrimonial é, por exemplo, a informação sobre eventual penhora vinculada a um determinado bem. Esse controle só é possível de ser efetivado na ficha individual do bem.

Gestão de segurança

Gestão de Segurança é área de grande importância para a empresa e gera informações que precisam ser registradas na contabilidade. A contratação de seguros, por exemplo, vai implicar registros na contabilidade em função da necessidade de apropriação de cada parcela do valor pago na apólice. De maneira geral, os seguros dão cobertura por um período de um ano independente da forma de pagamento.

O controle de acesso e movimentação de pessoas na empresa é uma importante atividade da Gestão de Segurança, embora não implique eventuais registros na contabilidade.

Há empresas que incluem as atividades de segurança como mais uma atribuição da Gestão Patrimonial. Isso varia do porte da empresa e da sua estrutura organizacional.

Os sistemas integrados possibilitam o acompanhamento dessas informações diretamente pela contabilidade, acessando o módulo Gestão de Documentos. O registro integrado só acontece, todavia, através do módulo financeiro, quando do pagamento da apólice. A apropriação mensal das parcelas que precisam ser registradas na contabilidade deve ser controlada em planilhas eletrônicas ou então lançada em cada mês pertinente, mesmo que em datas futuras dentro do mesmo exercício social.

É fácil perceber que muitas atividades de controle deixaram de ser praticadas na contabilidade de grandes empresas, em razão da existência de aplicativos específicos utilizados em outras áreas e que geram as informações que a contabilidade necessita.

1.3 ÁREA COMERCIAL

As atividades da área comercial são muito diversificadas e abrangem desde a constituição e o gerenciamento dos estoques até a venda efetiva dos bens e produtos. Em algumas empresas o pós-venda, inclusive a pesquisa de satisfação do cliente, também é controlado pela área comercial. Observe-se que essas atividades são praticadas tanto nas empresas industriais quanto nas comerciais e de prestação de serviços.

As principais atividades desenvolvidas na área Comercial são:

- Gestão de clientes.
- Gestão de compras.
- Gestão de estoque produtivo.
- Gestão de estoque comercial.
- Gestão de marketing.
- Gestão de vendas/faturamento.

Gestão de clientes

Administra o relacionamento da empresa com seus potenciais clientes e os já efetivos. São potenciais clientes aqueles cadastrados na base de dados, mas que ainda não efetivaram uma compra. Os efetivos são aqueles que realizam compras mesmo que eventualmente. Há também os clientes inativos, que são aqueles que efetuaram uma compra e não continuaram comprando por qualquer razão.

Os aplicativos integrados proporcionam cadastro único para alimentar informações da área comercial nas demais áreas de interesse da empresa. Isso significa que, ao cadastrar um cliente na área comercial, esse mesmo cliente já estará cadastrado no módulo financeiro de Clientes – Contas a Receber.

Os registros contábeis decorrentes da gestão de clientes são importados do módulo de Faturamento, que por sua vez integra também o módulo de Clientes – Contas a Receber.

Gestão de compras/fornecedores

A Gestão de Compras cuida da relação com os fornecedores de bens, materiais e serviços. Integra-se plenamente com a Gestão Financeira alimentando informações para o módulo Contas a Pagar-Fornecedores. As mesmas informações são registradas pela contabilidade por meio de importação de dados.

Gestão de estoque produtivo

A Gestão de Estoque Produtivo é responsável pelo recebimento, administração e distribuição do estoque produtivo utilizado na fabricação de produtos. Utiliza o módulo Estoque para o gerenciamento das informações. Esse módulo efetua os lançamentos de entrada no momento da chegada efetiva do bem ou do material adquirido e de saída no momento da liberação das requisições internas para a produção. Substitui o modelo convencional de fichas de controle de estoque (*Kardex*).

Os registros na contabilidade são feitos no módulo de Custos Produtivos a partir da movimentação dos itens e de sua efetiva utilização na produção.

Gestão de estoque comercial

O Estoque Comercial tem o mesmo objetivo do Estoque Produtivo, diferindo na forma de registro das operações de saída. Enquanto o estoque utilizado na produção continua sendo classificado como estoque pela contabilidade (estoque de produtos em elaboração, estoque de produtos acabados etc.), o estoque para revenda é registrado como despesa quando da sua baixa pela venda e entrega efetiva da mercadoria. O registro na contabilidade ocorre de maneira integrada com o módulo Faturamento, que por sua vez também está vinculado ao módulo Estoque.

Gestão de marketing

A Gestão de Marketing desenvolve as políticas estratégicas e mercadológicas da empresa. Com muito poder de decisão, associa-se às atividades de produção e venda como consequência de suas decisões. É de grande importância para o êxito produtivo e comercial das empresas.

Gestão de vendas/faturamento

Essa área lida diretamente com as operações de venda dos produtos, mercadorias e serviços das empresas. É uma importante área de integração com várias outras áreas porque a partir das vendas é que são definidas as novas compras de mercadorias ou a fabricação de novos produtos.

As vendas refletem diretamente no módulo Faturamento, no Estoque e em Clientes-Contas a Receber, com reflexo direto na contabilização de várias operações, inclusive fiscais.

Os aplicativos integrados importam desse módulo as informações que serão registradas na contabilidade. Isso significa que um grande volume de registros que era praticado pela contabilidade, no sistema convencional, passou a ser feito de maneira indireta pelo módulo Vendas/Faturamento.

Observe-se que a área Comercial realiza muitas operações que, por consequência, se vinculam às demais áreas. As compras, os controles de estoques, a produção e as vendas representam um grande volume de atividades nas empresas comerciais e industriais. Nas empresas de prestação de serviços essas atividades são menos volumosas, mas não deixam de existir.

1.4 ÁREA CONTÁBIL

A contabilidade é o principal núcleo de registros de quase todas as informações da empresa. São poucos os eventos ocorridos em uma organização que não implicam registro na contabilidade. A mudança de um móvel de uma sala para outra, por exemplo, na sede da empresa, requer um registro na Seção de Controle de Patrimônio para indicar a nova localização física do bem, mas não necessita de anotação na contabilidade. O registro no Controle Patrimonial faz parte do monitoramento do bem.

Algumas empresas atribuem à contabilidade o *status* de Controladoria. Sob essa ótica, diversas atividades desenvolvidas na área Financeira ficariam centralizadas na contabilidade, mesmo quando estas atividades são desenvolvidas por módulos distintos para a efetivação dos registros pertinentes. Essa prática tem sido cada vez menos utilizada devido à facilidade de integração que existe entre os diversos módulos de controles que são utilizados em uma grande empresa.

Importante ressaltar que a contabilidade não é detentora exclusiva das informações de uma empresa, quando existe estrutura organizacional dividida por áreas. Desse modo, a contabilidade passa a ter outro papel na organização que é de gerenciar o conjunto de informações que são geradas em diversas áreas da empresa. Os detalhes sobre um processo trabalhista, por exemplo, que teve seu registro na contabilidade a título de provisão para indenizações trabalhistas (contencioso trabalhista), devem ser verificados no Departamento Jurídico. É nessa área que ocorrem as atualizações das informações sobre processos trabalhistas porventura existentes contra a empresa, de modo a assegurar que em cada período (geralmente trimestral, semestral ou anual, dependendo da forma de apuração do resultado) um novo relatório possa ser apresentado à contabilidade para os registros pertinentes.

Com o uso efetivo de sistemas integrados, os registros na contabilidade passaram a ser realizados de forma resumida, sem detalhamentos. Assim, a conta analítica de clientes, por exemplo, tem registro de toda movimentação dos diversos clientes da empresa mediante a importação dos registros efetuados no controle de Contas a Receber integrante do módulo financeiro. Data de vencimento dos títulos, nome do cliente, títulos vencidos e outras informações sobre as contas são registrados também no módulo de Contas a Receber.

1.5 ÁREA FINANCEIRA

Considerada área de grande importância, por sua influência nas decisões das demais áreas, a área Financeira é responsável por grande volume de informações na empresa. Os registros nessa área são refletidos na contabilidade por meio de vários módulos que se integram. A venda a vista de mercadoria, por exemplo, realizada na área Comercial, repercute diretamente na Tesouraria, que é vinculada à área Financeira. A venda a prazo, do mesmo modo, repercute também nessa área, no módulo Contas a Receber. Todas essas informações fluem naturalmente para a contabilidade mediante o processo de importação de dados.

Algumas empresas consideram a contabilidade uma atividade da área Financeira. Outras tratam de forma diferente e definem a contabilidade como núcleo isolado que concentra os registros de todas as áreas da empresa. Os sistemas integrados de grande porte consideram a contabilidade um módulo isolado do módulo Financeiro.

Essa é apenas uma questão conceitual dos sistemas, haja vista que todos os módulos se integram independentemente de sua área de atuação. É também uma questão de estrutura organizacional de cada empresa, devendo se levar em conta sempre a filosofia administrativa de cada uma delas. Do ponto de vista organizacional, todavia, deve-se levar em consideração a separação de função como princípio essencial para o bom controle das atividades. Na prática, isto significa que quem vende não deve controlar os recebimentos, ou seja, o módulo Faturamento não deve ser operado pela mesma pessoa que opera o módulo de Contas a Receber-

-Clientes. Dessa ótica, o módulo Faturamento deve estar associado à área Comercial, e o módulo Clientes-Contas a Receber deve estar vinculado à área Financeira. Isso deve ficar claramente definido no organograma operacional da empresa.

As principais atividades desenvolvidas na área Financeira são:

- Gestão de Contas a Receber.
- Gestão de Contas a Pagar.
- Gestão de Tesouraria.

Gestão de contas a receber

Administra os créditos e direitos da empresa. A principal carteira desse grupo é Clientes, que reflete as operações de vendas a prazo. Outros créditos que não são decorrentes das atividades de vendas a prazo também devem ser controlados pela Gestão de Contas a Receber. Um exemplo disso seria o valor pago a título de garantia contratual. Após o cumprimento da obrigação contratual a empresa receberia de volta o valor dado em garantia. Observe-se que isso não geraria a emissão de fatura ou outro título de crédito. Apenas teria sido cumprida uma determinada cláusula contratual, paga mediante emissão de recibo ou comprovante de depósito em conta bancária.

O módulo utilizado para gerenciamento das informações é o módulo financeiro.

Gestão de contas a pagar

O controle das diversas obrigações da empresa é de responsabilidade do setor Contas a Pagar. As carteiras mais relevantes são os Fornecedores, as obrigações sociais e trabalhistas e as obrigações tributárias. Os sistemas integrados geram informações para a Gestão de Contas a Pagar a partir do módulo de Estoque, do módulo Fiscal e do módulo Folha de Pagamento, sendo que essas informações são registradas através do módulo Financeiro.

Gestão de tesouraria

A Tesouraria administra os recursos financeiros da empresa. Exerce o controle minucioso de movimentação das contas de Caixa, Bancos, Aplicações Financeiras e outros valores em moeda corrente. Nos sistemas integrados, utiliza-se o módulo Financeiro para efetuar os registros da Tesouraria.

Os bons aplicativos disponibilizam vários recursos para a integração com Tesouraria, o que possibilita melhor interatividade entre este setor e a contabilidade, principalmente na composição de saldos das contas bancárias e conciliação de contas. A conciliação eletrônica das contas bancárias é muito utilizada por usuários dos aplicativos que disponibilizam essa opção no ambiente de Tesouraria, dentro do módulo Financeiro.

1.6 ÁREA PRODUTIVA

Conhecida também como parque industrial ou parque produtivo, ela tem como característica a transformação e produção de bens. Algumas empresas utilizam essa nomenclatura em atividades de serviços, mas do ponto de vista contábil os conceitos mudam quando tratam de despesas e custos. Os custos na empresa industrial são reconhecidos como gasto apurado para fabricar um bem, enquanto o custo na atividade de serviço é o valor gasto para se executar um determinado serviço. Observe-se que o gasto aplicado na produção de um bem é registrado em conta patrimonial, pois se transforma em estoque de produto em elaboração ou estoque de produto acabado, quando for o caso. Já o gasto para a execução de um serviço é uma despesa operacional, registrando-se, portanto, em conta de resultado.

Do ponto de vista operacional, a área Produtiva é a mais complexa de uma empresa industrial. A sequência de atividades desenvolvidas na área Produtiva é muito diferente daquelas realizadas em uma empresa comercial ou uma de prestação de serviços. A área produtiva transforma materiais (matéria-prima, material secundário, embalagens etc.) em produtos. Por sua vez, no processo de produção, esses produtos têm fases distintas e somente quando estão concluídos (produtos acabados) é que os registros ficam finalizados na conta de Estoque de Produtos Acabados.

As grandes indústrias utilizam sistemas altamente complexos para desenvolver suas atividades produtivas. A contabilização dessas atividades também difere muito daquelas praticadas nas empresas comerciais. A estrutura do elenco de contas de uma indústria é bem mais complexa do que a de uma empresa comercial ou então de prestação de serviços. A integração com a contabilidade requer procedimentos diferenciados, uma vez que o tratamento contábil de muitas operações é definido no sistema de custeio, no módulo de Custos. Há muitas implicações de ordem fiscal e os conceitos contábeis de Despesas e Custos são bem diferentes.

Assim, pode-se concluir o seguinte:

As empresas de médio e grande portes atuam com base na divisão de áreas. Dependendo da atividade desenvolvida, essas empresas teriam no mínimo três grandes áreas (Administrativa, Comercial e Financeira – empresas comerciais e de prestação de serviços) e no máximo quatro (Administrativa, Comercial, Financeira e Produtiva – empresas industriais). Atividades específicas como segurança, jurídica, mercadológica, pesquisa e desenvolvimento de produtos etc. são consideradas atribuições que podem ser desenvolvidas em uma dessas grandes áreas, com base no vínculo mais adequado.

Cabe ressaltar que essas denominações podem ter tratamento diferente em cada empresa, dependendo da estrutura organizacional adotada. Desse modo, a área comercial pode ser tratada como área de negócios em determinada empresa, sem deixar de exercer os diversos tipos de gestão.

Questões avaliativas

1. As empresas de médio e grande portes têm estrutura organizacional baseada na divisão do trabalho. Isso possibilita apurar responsabilidades funcionais e tornar mais seguros os processos de controles internos.

   Essa afirmativa permite concluir que:

   a) a divisão de atividades por área torna os processos mais lentos, isto é, prejudicial ao bom desempenho operacional das empresas;

   b) dividir tarefas ajuda os mecanismos de controle interno;

   c) os sistemas integrados ficam prejudicados com a divisão da estrutura organizacional por área, haja vista ser mais produtivo tudo estar centralizado na Contabilidade;

   d) apenas as afirmações das letras **a** e **c** são verdadeiras;

   e) apenas a afirmação da letra **b** é verdadeira.

2. As informações geradas nas diversas áreas de uma empresa podem ser integradas à contabilidade mediante utilização de sistemas corporativos específicos.

   A responsabilidade pela consistência e veracidade das informações deve ser claramente definida.

   Isso permite afirmar que quem deve ser responsável pela informação é:

   a) a Contabilidade, porque registra as operações da empresa;

   b) a área que gerou a informação, com respaldo no regimento funcional da empresa que define atribuições e responsabilidades de cada Setor;

   c) o Contabilista chefe, que é o principal responsável pelos registros da empresa;

   d) nenhuma das afirmações anteriores é correta;

   e) apenas a afirmação da letra **b** é correta.

Capítulo 2

CONTABILIDADE GERENCIAL

Termos utilizados neste capítulo

Atuação: campo de trabalho, opções e oportunidades que se apresentam para determinado profissional exercer a sua profissão.

Composição analítica: formato de relatório que detalha as informações sobre determinada conta, desde o saldo inicial até o saldo atual. Mais utilizadas para fins de análise da composição do saldo de uma conta e dos registros das operações.

Filtrar informações: selecionar dados para um relatório específico. Exemplo: posição de um cliente, no módulo financeiro, relativa aos seus débitos. O usuário pode escolher por meio do filtro se deseja os dados completos do cliente ou apenas aqueles relativos à sua situação financeira perante a empresa. Os campos selecionados no filtro serão apresentados no relatório a ser impresso.

Gerencial: que produz informações detalhadas utilizando relatórios específicos. As informações da contabilidade gerencial são dinâmicas, ou seja, não bastam estar refletidas apenas nos balanços e balancetes. Algumas dessas informações são produzidas em planilhas eletrônicas, com formatos diferentes. A utilização de aplicativos específicos é fundamental para o bom desempenho da contabilidade gerencial.

Implantação simultânea: quando a empresa faz a opção por implantar todos os módulos do sistema ao mesmo tempo. O início das atividades só ocorre quando todos os módulos estiverem funcionando adequadamente.

Módulos: aplicativo isolado de um sistema corporativo. As empresas utilizam vários módulos de um sistema, como, por exemplo, módulo Estoque, módulo Contas a Pagar, módulo Ativo Imobilizado etc. A conexão entre esses módulos caracteriza a integração de um sistema.

Relevância social: atividade ou situação que é muito significativa do ponto de vista da sociedade. Algo que contribui positivamente para o progresso das empresas e que pode melhorar a vida das pessoas.

Sistema: aplicativos que atuam de forma integrada e são utilizados para desenvolver tarefas específicas em uma empresa ou qualquer outra entidade. Baseia-se principalmente no conceito de interdependência um do outro, ou seja, um aplicativo alimenta a informação para o outro. Nos dias atuais, o computador e a tecnologia da informação são as bases desses sistemas, sendo a máquina o meio físico e o desenvolvimento dos *softwares* o meio inteligente.

2.1 ATUAÇÃO DO CONTABILISTA

O profissional da contabilidade tem diferentes opções para atuar. As atividades desenvolvidas para se fazer a escrituração contábil de um condomínio residencial, por exemplo, é muito diferente daquelas que são necessárias à contabilização de fatos ocorridos em uma empresa de grande porte. Também vale observar que a contabilidade de uma indústria tem complexidade diferente da contabilidade de uma empresa comercial, mesmo quando se trata de empresas com porte semelhante. Isso evidencia o grau de diversificação que envolve a formação profissional do contabilista.

Não seria demais afirmar que temos uma profissão com grande relevância social e amplitude de áreas de atuação, tanto na atividade pública quanto na privada. Cabe a cada pessoa escolher a melhor opção para sua carreira profissional. Eu sempre tive preferência por contabilidade empresarial, por já atuar durante muitos anos e porque as boas empresas disponibilizam recursos tecnológicos que podem ser bem aproveitados. Isso contribui bastante para a execução das tarefas diárias do contabilista. Há também na empresa de grande porte uma estrutura organizacional que possibilita melhor desempenho da profissão, pois a divisão de tarefas facilita o trabalho de todos.

Sabe-se que o profissional de contabilidade, de maneira geral, não precisa ser um generalista, em termos de conhecimentos variados, para exercer bem sua profissão. Ao contrário, ele precisa ser um especialista. Isso é válido para os contabilistas, da mesma forma que é importante para outros profissionais. Advogados, médicos e administradores são bons exemplos de profissionais que podem e devem escolher uma especialidade para atuarem.

Vale ressaltar, todavia, que ser um especialista não impede que o profissional de contabilidade tenha domínio sobre vários campos de atuação da sua profissão, porque, mesmo sendo um especialista em determinada área, ele precisará se envolver com as tarefas desenvolvidas em outras áreas, a exemplo da folha de pagamento, do controle do estoque, do controle patrimonial, das transações de tesouraria, dos controles de contas a pagar e contas a receber, dos sistemas de custos etc.

Sob a ótica da especialização, percebe-se que a área tributária é muito requisitada e os contadores que se dedicarem a esse segmento de atividade poderão ter excelentes oportunidades na profissão, inclusive do ponto de vista da remuneração.

Importante ressaltar, contudo, que para atuar na área tributária é preciso muita dedicação aos estudos da legislação pertinente, pois a dinâmica das leis é intensa. Cabe também observar que o nível de responsabilidade é elevadíssimo, o que gera bastante estresse e preocupação, uma vez que o fisco está muito bem estruturado e qualquer procedimento equivocado por parte do profissional da contabilidade pode acarretar multas punitivas com ônus para a empresa ou para o responsável pela escrita.

Um calendário de obrigações fiscais, incluindo-se a consulta sistemática das certidões de regularidade, deve ser bem monitorado diariamente ou na periodicidade que for estabelecida para acompanhamento.

No apêndice deste livro apresentamos um modelo de calendário que serve de referência para o acompanhamento dessas atividades. Além disso, há no mercado empresas de consultoria que disponibilizam material de apoio de boa qualidade com vistas a esse monitoramento.

2.2 O FLUXO DE INFORMAÇÕES

Os registros efetuados na contabilidade devem refletir a dinâmica das atividades praticadas pela empresa. Esses registros podem ser efetuados de forma integrada ou mediante lançamentos específicos.

Os eventos que são registrados na contabilidade de forma integrada estão previamente parametrizados no sistema, por meio de TES (Tipo de Entrada e Saída) específico. As definições são feitas geralmente durante a implantação dos módulos que têm relação com a contabilidade. O módulo de Estoque, por exemplo, deve estar parametrizado para registrar as entradas e saídas de mercadorias, produtos e outros materiais, com o consequente registro na Contabilidade. Esse mesmo módulo também alimenta informação para o módulo Financeiro (Contas a Pagar), quando a operação de compra é a prazo, e no módulo Livros Fiscais.

São várias operações na empresa que podem ser integradas à Contabilidade, facilitando assim os registros contábeis pertinentes.

Há situações que não podem ter registro integrado com a Contabilidade porque a informação precisa ser tratada antes de o registro ser efetuado. Um exemplo desse tipo de evento é a provisão para devedores duvidosos. O valor a ser contabilizado depende de uma série de análises que não podem ser desenvolvidas no módulo Contas a Receber – Clientes. Outro evento muito comum nas grandes empresas é o registro de ações trabalhistas. Para efetivar a contabilização de um valor a contabilidade precisa de informação detalhada sobre cada processo. Esses detalhes são fornecidos pelo Departamento Jurídico da empresa ou por seu escritório de advocacia, quando for o caso, mediante apresentação de relatório informando a probabilidade de êxito da causa, considerando as hipóteses possível, provável ou então remota.

Nos sistemas que funcionam de forma integrada com a Contabilidade, o fluxo de informações é muito dinâmico e são poucas as transações ou eventos que precisam ter lançamento específico.

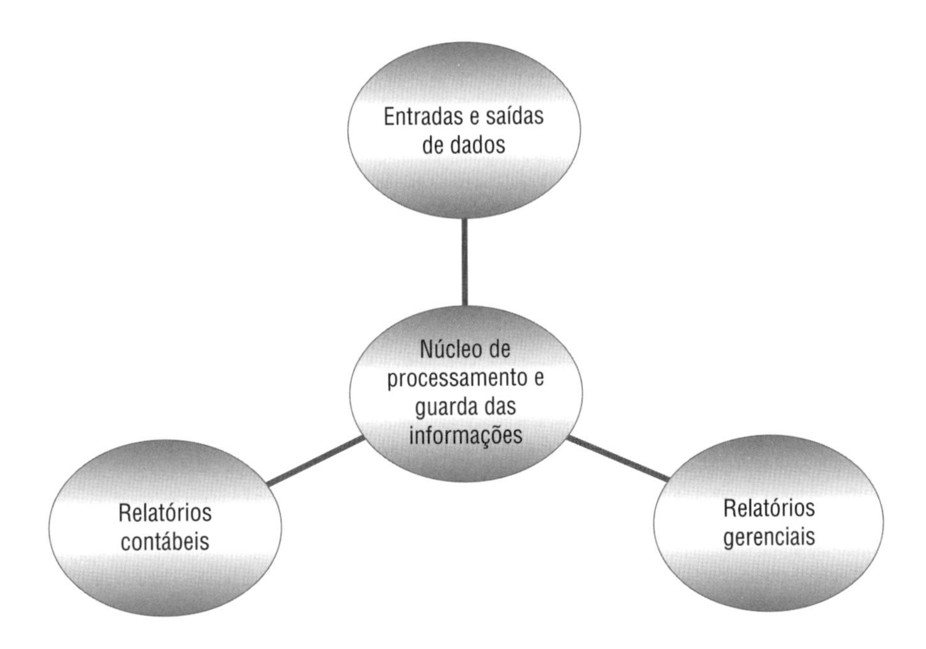

Após efetuar a contabilização dos eventos, a Contabilidade precisa tratar os documentos que deram suporte ao registro e manter esses documentos em boa ordem e devidamente protegidos do ponto de vista do sigilo da informação, bem como para atender eventuais demandas do fisco.

2.3 RECURSOS DOS SISTEMAS GERENCIAIS

Os sistemas integrados, quando utilizados plenamente pela empresa, são a principal ferramenta de trabalho dos profissionais de contabilidade. Eles permitem o controle de todos os dados registrados, utilizando os filtros disponíveis nos aplicativos, independentemente da origem das informações. Os controles são feitos mediante acesso pleno aos aplicativos específicos que são requeridos pelas outras áreas de informação da empresa. Geralmente os módulos são implantados quase simultaneamente. Porém, há situações que não possibilitam a implantação simultânea dos módulos que precisam funcionar de forma integrada. Nessa hipótese, é preciso avaliar cada situação para se verificar qual a melhor maneira de implantar cada módulo, sem prejudicar os controles internos da empresa.

É importante admitir que a informação predominante em uma empresa ou em qualquer outra instituição é a que tem registro na contabilidade. Daí ser recomendável que o início de uma implantação deve ser através do módulo contábil, até porque esse módulo será o ponto de convergência das informações das demais áreas.

O formato operacional dos recursos disponíveis nos sistemas gerenciais é praticamente igual para todos os módulos. Esse formato consiste no seguinte:

- Configurações.
- Atualizações ou movimentações.
- Consultas.
- Relatórios.
- Ajuda.

Há aplicativos que utilizam nomes diferentes para os recursos operacionais, embora esses recursos sejam praticamente padrão. Além do módulo de contabilidade, há vários outros módulos (financeiro, patrimonial, fiscal, folha de pagamento etc.) que permitem a execução de todos os procedimentos relativos à inclusão de dados, atualização de registros, alteração ou exclusão de informações, obtenção de informações por meio de consultas e geração de relatórios diversos.

As configurações permitem definir, por exemplo, a quantidade de linhas que o relatório do Razão Contábil deve ter e o controle de impressão dos relatórios. Ou então o formato de apresentação de um balancete mensal, trimestral, semestral etc.

As atualizações representam as movimentações de dados, incluindo entradas, saídas, alterações e exclusões de registros. Efetuar o registro de uma provisão para devedores duvidosos, por exemplo, é feito na opção de atualização, na forma de inclusão de lançamentos. Outras atualizações podem ser realizadas mediante importação de dados de outros módulos, a exemplo dos registros das operações de vendas que podem ser efetuados importando os dados do módulo de Faturamento.

A opção de consulta é muito importante para o gerenciamento das informações. Além de permitir a visualização prévia dos dados já registrados, esse recurso proporciona significativa economia de papel quando é utilizado para conferências dinâmicas, antes da geração do relatório definitivo. De maneira geral, a consulta deve preceder a emissão de qualquer relatório, pois ela permite uma leitura prévia das informações na tela do computador.

A geração de relatórios é feita a partir dos dados disponíveis na base de registros do sistema de contabilidade. Imprimir um balancete, por exemplo, pode ser feito na opção de relatórios. Essa impressão pode ser em disco ou em papel. A impressão em disco permite a visualização em tela, conforme já mencionei antes, enquanto a impressão em papel deve ser utilizada para eventual conferência prévia das informações mediante utilização de sinais de conferência.

Há outras operacionalidades nos aplicativos gerenciais, mas quase sempre são de uso exclusivo dos analistas e desenvolvedores desses aplicativos. Elas estão mais relacionadas aos aspectos tecnológicos e só devem ser trabalhadas por quem de fato conheça o programa que estiver sendo utilizado.

No Capítulo 4 apresento mais detalhes sobre a funcionalidade dos sistemas integrados de gestão, conhecidos como *Enterprise Resources Planning* – ERP.

A ideia de gerenciamento na contabilidade, que atualmente utiliza sistemas integrados, não se confunde com os procedimentos de controladoria que foram bastante difundidos no passado. O modelo de gerenciamento atual pressupõe, além de controle, uma boa organização dos dados armazenados no sistema.

A segurança desses dados, feita preferencialmente no final do turno da manhã e no final do turno da tarde, é um exemplo de gerenciamento das informações. O controle detalhado, mediante composição analítica dos saldos de algumas contas, é outro exemplo de gerenciamento.

A conta de depósitos judiciais, por exemplo, pode estar representada por valores que refletem registros de vários anos. O razão analítico de um determinado mês não seria suficiente para conhecer todas as parcelas que compõem aquele saldo, com a indicação de cada data de registro. Isso porque o razão analítico carrega o saldo do exercício anterior e mais as movimentações do período corrente.

No sistema gerencial de contabilidade é possível filtrar e obter informações com o objetivo de gerar um relatório indicando todas as parcelas registradas em uma conta, a débito e a crédito, por vários exercícios, e com a posição do saldo atual. Observe-se, contudo, que essa opção é somente para gerar consultas e relatórios, pois os sistemas não permitem qualquer alteração de informação em períodos já fechados e encerrados.

As facilidades dos sistemas gerenciais de contabilidade possibilitam obter ainda informações muito específicas, com base nos dados já registrados. Consultar todos os registros de valores iguais, independentemente das contas envolvidas, no período de janeiro a dezembro de determinado exercício, é um exemplo da grande utilidade do sistema. Identificar o pagamento de um determinado valor, cuja data não é lembrada com exatidão, é outro exemplo da praticidade de um sistema gerencial.

Algumas funcionalidades dos sistemas de contabilidade gerencial que são bastante utilizadas no dia a dia são as seguintes:

- balancete comparativo mensal sintético e analítico;
  - balancete gerado em determinados meses do ano, com o objetivo de se fazer comparação entre os saldos das contas patrimoniais e de resultado. A análise dessas informações possibilita a identificação de eventuais distorções no saldo das contas, decorrentes de possíveis erros de lançamentos.
- balancete mensal sintético e analítico;
  - balancete gerado em cada mês de determinado exercício social, com o objetivo de se encerrar o período. As empresas que fazem apuração trimestral encerram os trimestres em março (relativo às informações de janeiro, fevereiro e março), junho (relativo às informações de abril, maio e junho), setembro (relativo às informações de julho, agosto e setembro) e dezembro (relativo às informações de outubro, novembro e dezembro). Em dezembro também é realizado o balanço do exercício para a maioria das empresas.
- balancete por centros de custos;
  - utilizado para fins gerenciais quando da análise de comportamento de determinado centro de custos. Serve de parâmetro também para avaliar os gastos informados pelo sistema de custeio e para a tomada de decisão quanto à eventual necessidade de redução de gastos.
- crítica de lançamentos para conferência diária;
  - relatório emitido diariamente para fins de conferência dos registros efetuados no dia anterior. É um instrumento de verificação da consistência dos registros contábeis, cuja prática deve sempre ser adotada por quem gerencia a contabilidade.
- razão analítico por centros de custos;
  - relatório para análise de determinada conta ou grupo de contas, com o objetivo de identificar eventuais distorções nos lançamentos do custeio do período ou para prestar alguma informação solicitada.
- razão analítico por conta;
  - relatório para análise de determinada conta ou grupo de contas, com o objetivo de identificar eventuais distorções ou para prestar alguma informação solicitada. Muito utilizado para averiguações de registros relacionados ao contencioso trabalhista das empresas, buscando identificar depósitos recursais, pagamentos de parcelas específicas e outras informações relacionadas a uma determinada questão trabalhista da empresa.

- razão analítico por data;
  - utilizado para verificação específica dos lançamentos efetuados em uma determinada data. Muito solicitado em procedimentos de auditoria interna e externa.
- relatório de composição de saldo de contas específicas;
  - relatório específico para compor as conciliações que devem integrar o conjunto de documentos de encerramento de um período. É recomendável que seja emitido mensalmente, sempre que houver necessidade de compor o saldo de uma conta patrimonial que carrega lançamentos de vários exercícios. Exemplo disso são os valores depositados em favor de terceiros para garantias contratuais.
- relatório de lançamentos do dia;
  - equivale ao relatório de crítica de lançamentos, podendo ter outras finalidades a exemplo de servir de guia para guarda dos documentos físicos que serão arquivados na contabilidade.
- relatório de lançamentos efetuados em uma data específica;
  - utilizado para atender a uma solicitação específica, geralmente de interesse do fisco, da auditoria interna ou externa.

É importante comentar que a tecnologia proporciona uma série de facilidades para o profissional de contabilidade que atua utilizando sistemas gerenciais.

> **Acredito que, baseado em minha experiência, a vida dos profissionais de contabilidade mudou muito para melhor a partir do uso da tecnologia da informação. Sei que esse pode não ser o pensamento de alguns profissionais da área que, por diferentes motivos, não puderam acompanhar a evolução tecnológica, mas não há como questionar a realidade atual quando comparada ao uso de fichas *Kardex* utilizadas no passado.**

Um fator negativo que certamente tem grande influência na utilização da tecnologia da informação é o alto custo de manutenção dos equipamentos (computadores, redes, antivírus etc.) e a atualização constante dos aplicativos (novas versões, adequações às mudanças de legislação etc.). A opção das médias e grandes empresas tem sido a terceirização dos serviços, que em alguns casos é questionável do ponto de vista estratégico e de viabilidade financeira. O custo hora de um profissional de TI chega a ser três vezes superior à remuneração de um profissional contratado.

2.4 RELATÓRIOS GERENCIAIS

Os relatórios gerenciais são muito úteis para demonstrar a dinâmica patrimonial em determinado intervalo de tempo. Os aplicativos da contabilidade gerencial não dispõem de recursos específicos para gerar esses relatórios. O balancete comparativo (sintético analítico) é apenas um elemento de informação para a geração de um relatório gerencial.

A utilização de planilhas é de grande importância na elaboração de um relatório gerencial bem estruturado. No *site* da editora Atlas disponibilizamos um modelo de relatório gerencial que pode ser adaptado para utilização por várias empresas.

As planilhas possibilitam também gerar gráficos bem ilustrativos, com informações em cascata, na forma de *dashboards*. Esse modelo de relatório nos permite sintetizar informações em poucas páginas, no formato de um painel de visualização.

A criatividade de quem elabora os relatórios é o fator determinante de uma boa apresentação dos mesmos. Também é importante observar que um relatório gerencial deve conter informações úteis e relevantes, desprezando-se dados que não contribuam para uma efetiva tomada de decisão.

Os relatórios em *PowerPoint* também são muito bem-aceitos, quando elaborados com criatividade. Do ponto de vista da visualização, podem agregar facilidade de leitura e compreensão.

2.5 ESSÊNCIA DA CONTABILIDADE

A difusão do conhecimento contábil por meio de várias obras de conceituados autores, publicadas no Brasil, tem contribuído bastante para o amplo domínio do conhecimento teórico da contabilidade. Todavia, ainda há uma enorme lacuna em relação à aplicação prática desse conhecimento e às situações reais do dia a dia de uma empresa.

Os estudiosos da contabilidade, ou mesmo o profissional que atua na profissão há pouco tempo, nem sempre têm a oportunidade de vivenciar situações raras que somente quem já atua há muitos anos pôde experimentar.

Neste capítulo vou tratar dessa questão, apresentando situações vividas no cotidiano do exercício profissional. Há fatos que acontecem com raridade, mas quando se apresentam deixam dúvida quanto ao melhor tratamento contábil que deve ser considerado. A constante necessidade de melhoria dos controles internos não evitou que situações complexas aparecessem na mesa do Contabilista em busca de uma solução contábil adequada.

É importante observar que os sistemas, isoladamente, sem o pleno domínio do conhecimento teórico por parte dos profissionais que o utilizam, não resolvem todos os problemas das empresas. É a partir dessa constatação que o profissional de contabilidade precisa demonstrar seu conhecimento sobre os princípios e os fundamentos da contabilidade, principalmente quando o problema envolve transações de valor relevante.

Se, por exemplo, a empresa A prestou serviços à empresa B durante o mês de dezembro de 2013 e somente no dia 15 de Janeiro de 2014 emitiu e apresentou o documento fiscal desse serviço, a empresa A não pode deixar de efetuar o registro do evento no mês de dezembro de 2013. Acontece que, para alguns profissionais de contabilidade, a falta de documento fiscal pode justificar a ausência de registro. Observe-se que em uma situação dessa o correto seria o tomador dos serviços, preposto da empresa A, exigir de um representante da empresa B emissão do documento fiscal com data do mês em que os serviços foram realizados, no caso dezembro de 2013. Se isso não foi feito, cabe ao profissional de contabilidade da empresa A recorrer a outro documento para dar suporte ao lançamento contábil.

Geralmente, serviços de valor significativo são realizados mediante celebração de contrato, com cláusulas claras sobre prazos de execução, condições de entrega e de pagamento etc. Esse contrato seria o documento adequado para o registro do lançamento contábil da empresa A no mês de dezembro de 2013, sendo necessário, todavia, que internamente o responsável pela contratação declarasse que os serviços foram realizados adequadamente e concluídos no prazo previsto em contrato. A falta de documento fiscal, embora ele seja necessário para fins fiscais, não invalida o fato mais importante que aconteceu que foi a realização dos serviços. Esse é um bom exemplo de como a contabilidade deve recorrer à essência do fato para efetuar seus registros. O que houve de essencial nessa situação foi a conclusão dos serviços no mês de dezembro de 2013, embora o documento fiscal só tenha sido emitido na metade do mês subsequente. É importante observar que com a instituição da Nota Fiscal de Serviços Eletrônica (NFS-e), exigida pelo fisco e já disponível para a maioria dos grandes municípios brasileiros, o atraso na emissão do documento fiscal não teria justificativa satisfatória.

Ainda do ponto de vista contábil, a ausência de registro no mês de competência, no caso dezembro de 2013, teria efeitos tanto no aspecto societário, com apresentação de resultado do exercício demonstrando lucro superior ao que de fato seria, como também no aspecto tributário, pois a empresa pagaria mais imposto e contribuição sobre o lucro, no caso de resultado positivo e tratando-se de despesa dedutível para fins de apuração do lucro real.

Além desses aspectos, o registro do evento no mês de competência teria um significado maior e mais importante: evidenciar que a contabilidade refletiu a realidade de um fato que passaria para o exercício seguinte somente por falta de um documento fiscal, no caso a Nota Fiscal dos serviços realizados.

Há também situações em que o documento fiscal já foi emitido, mas a empresa prestadora dos serviços não o apresentou para a contabilidade da empresa tomadora dos serviços. Há muitos casos de retenção de documento também em áreas internas da empresa tomadora dos serviços, a título de conferência das informações, exigências de informações complementares etc. Quando isso ocorre, a contabilidade da empresa tomadora dos serviços fica prejudicada e há também reflexo nos registros fiscais.

Os municípios que dispõem de Nota Fiscal Eletrônica de Serviços (NFS-e) possibilitam que os tomadores dos serviços consultem e imprimam todas as notas fiscais emitidas mensalmente em seu nome. A consulta é realizada diretamente no *site* da Secretaria da Fazenda do Município, mediante cadastro prévio, com exigência de identificação do usuário e senha de acesso.

Muitas situações como essas podem acontecer com várias empresas, no Brasil inteiro. A melhor maneira de monitorar situações assim é acompanhar os registros de contratos no módulo de gestão de documentos que existem nos bons aplicativos ERP. Esse monitoramento deve ser uma atribuição da área fiscal ou de um núcleo de acompanhamento de contratos, se for o caso.

2.6 PRINCÍPIOS CONTÁBEIS GERALMENTE ACEITOS

Os princípios contábeis geralmente aceitos devem ser aplicados diariamente durante os registros contábeis de uma empresa. A correta interpretação dos fatos e a clareza da informação ajudam na aplicação desses princípios. A não observância deles pode produzir distorções consideráveis quando da avaliação de um relatório gerencial específico.

As empresas que utilizam sistemas integrados para alimentar os registros da contabilidade precisam ter boa estrutura de monitoramento. Essa atribuição é da equipe contábil, pois muitos lançamentos não são feitos pela contabilidade. A título de exemplo, a conta de energia elétrica recebida no dia 10 do mês de agosto de determinado exercício não pode ser considerada como consumo daquele mês. Refletir isso na hora de registrar a obrigação, no módulo financeiro, é fundamental para a contabilidade. O usuário do módulo financeiro deve ter conhecimento suficiente para entender que conta de energia não se paga por antecipação, e sim pelo consumo de determinado período. Ao registrar a conta recebida no dia dez de agosto como sendo uma despesa daquele mês, o erro contábil estaria caracterizado, porque, ao importar a informação do módulo financeiro, a contabilidade refletiria esse equívoco no procedimento. Para evitar erros dessa natureza, a importação das informações dos diversos módulos que se integram à Contabilidade deve ser precedida de um filtro que possibilite a análise prévia dessas informações, o que se caracteriza como validação dos dados de registros.

Percebe-se nesse caso que a aplicação do regime de competência é uma necessidade e não uma opção. Muitas outras atividades de serviço se enquadram nessa mesma situação, cabendo ao analista contábil fazer a conferência dos registros efetuados em outras áreas e que seja importado para registros também na contabilidade.

Informações recebidas no início do exercício seguinte

É muito recorrente a contabilidade receber várias informações no início do exercício social, geralmente no mês de janeiro, relativas ao mês de dezembro do ano anterior. Atentar para essas informações deve ser a boa prática contábil. Isso vale tanto para os documentos de despesas quanto para os de receitas, sendo que o reconhecimento das receitas depende de informações complementares de outras áreas. Se, por exemplo, em uma empresa de prestação de serviços, determinada atividade teve início no dia 10 de dezembro e foi concluído no dia 29 desse mesmo mês, e a nota fiscal foi emitida no dia dois de janeiro do ano seguinte, o correto é que a receita fosse reconhecida no mês de dezembro do ano anterior. Nem sempre isto é observado em algumas situações, pois falta informação da área que demandou os serviços. Na atividade industrial isso dificilmente ocorre, pois a contabilização dos custos é feita de forma integrada com o controle de estoque. A receita só será reconhecida quando o produto for vendido.

Contabilização de provisões para causas trabalhistas

Um problema de grande complexidade nas empresas é a contabilização de provisão para contingências trabalhistas e a atualização dos depósitos realizados para garantir os recursos interpostos, quando da defesa de determinada questão dessa natureza. O reconhecimento do valor de uma questão trabalhista por parte da contabilidade precisa estar embasado em relatório minucioso do Setor Jurídico da empresa, com informações relativas às possibilidades de êxito de cada questão. Essa avaliação é feita de forma detalhada por processo, de modo individual, independente do tempo decorrido entre o início da ação e a posição em que ela se encontra na data do balanço.

Por ser bastante subjetiva, a provisão para questões trabalhistas pode gerar distorções na avaliação do resultado do exercício e em decorrência dessa possibilidade ela sempre necessita de ajustes no exercício seguinte. Esses ajustes são normais e precisam ser considerados pelo Setor Jurídico que acompanha cada processo na justiça.

Pronunciamentos contábeis

Os diversos procedimentos recomendados pelo CPC – Comitê de Pronunciamentos Contábeis trouxeram importantes mudanças para os registros da contabilidade. Esses procedimentos, já bastante divulgados entre professores e profissionais que atuam na área, revelam um novo modo de ver e tratar os fatos contábeis, principalmente do ponto de vista da legislação societária. É importante salientar que a contabilidade das empresas que optam pelo lucro real precisa atender à legislação societária, sem deixar de cumprir com as obrigações tributárias, notadamente no que diz respeito ao Imposto de Renda Pessoa Jurídica (IRPJ) e à Contribuição Social Sobre o Lucro. Nesse particular, cabe ao profissional de contabilidade verificar o melhor procedimento possível para não deixar de observar o que recomenda a legislação societária, mas também não ficar alheio às exigências da legislação tributária. Esta última, quando não observada de forma satisfatória, pode resultar em aplicação de elevadas multas punitivas, com reflexos negativos nas finanças da empresa e consequente responsabilização dos profissionais envolvidos com a contabilidade.

Independentemente de tudo isso, a boa técnica deve estar presente em todos os registros praticados na contabilidade, sem levar em conta os efeitos financeiros que isso possa produzir, porque o essencial é o fato ocorrido. Um exemplo simples disso seria o registro da receita no mês em que efetivamente ela aconteceu independentemente de o comprador ou então o tomador do serviço pagar ou não a fatura, se a operação foi de venda a prazo. O pagamento, nesse caso, é um evento financeiro subsequente, enquanto o registro da receita é um evento contábil que envolve várias outras situações, a exemplo do reconhecimento da obrigação tributária decorrente dessa operação de venda, quando for o caso.

Daí a importância de se aplicar corretamente os procedimentos contábeis, como forma de gerar boa qualidade da informação contábil. Para a contabilidade gerencial, principalmente, essa prática é essencial e indispensável.

A reforma geral de um equipamento que estava em desuso, mediante aplicação de um conjunto de peças de reposição, deve ser objeto de registro no Imobilizado independente do valor individual de cada peça aplicada. O que está evidenciado na operação é a condição que foi devolvida ao bem, tornando sua vida útil mais longa. Essa avaliação de vida útil não é de responsabilidade do profissional de contabilidade. Cabe a uma equipe técnica ou a um especialista no assunto estabelecer o novo período de vida útil desse equipamento, apresentando um termo que declare essa situação. O controle de bens do ativo imobilizado irá atribuir a taxa de depreciação aplicável e o tempo em que o bem será depreciado.

É importante enfatizar que a tecnologia tem papel relevante no exercício da atividade do profissional de contabilidade, mas a utilização dos instrumentos tecnológicos não dispensa o conhecimento teórico e o domínio da boa técnica. As consequências negativas que a falta desses requisitos pode ocasionar são sempre desagradáveis.

Perfil do profissional de contabilidade

O profissional de contabilidade não pode ficar desatualizado e deixar de conhecer as novas ferramentas de trabalho. A tecnologia veio para nos ajudar, e muito. Seria quase impossível manter bom nível de trabalho se não tivéssemos a ajuda de equipamentos e aplicativos cada vez mais inteligentes. É nesse contexto que o profissional de contabilidade é requerido para orientar seus auxiliares ou então indicar a solução mais adequada possível, no sentido de fazer refletir nos registros contábeis a verdadeira essência dos fatos ocorridos em determinado período.

Os pronunciamentos contábeis, emitidos pelo Comitê de Pronunciamentos Contábeis, em bom momento, trazem uma série de orientações que devem ser efetivamente observadas por todos os profissionais que atuam na contabilidade de empresas sujeitas ao tratamento previsto nesses pronunciamentos. Entre os mais aplicados destacamos o CPC 25 (Provisões, Passivos Contingentes e Ativos Contingentes) e CPC 27 (Ativo Imobilizado).

O perfil do profissional contemporâneo passa necessariamente pelo conhecimento da informação e pela boa convivência com a tecnologia aplicada à sua área.

2.7 FUNÇÃO GERENCIAL DA CONTABILIDADE

A utilização de sistemas integrados representa para a Contabilidade um *status* diferente. Ela deixa de ser um ambiente de simples registros dos fatos, com o objetivo de preparar balancetes e balanços no final de cada período específico, e passa a realizar atividades mais importantes do ponto de vista do acompanhamento sistemático de tudo que acontece na empresa. Isso é decorrente do acesso às informações que chegam em forma de relatórios variados para dar suporte aos registros efetuados no sistema.

Os analistas da contabilidade devem verificar a consistência das informações que são registradas por outras áreas, mediante a utilização dos módulos integrados.

A acessibilidade às informações permite que o contabilista analise com sua equipe vários documentos que são gerados em áreas distintas. A provisão de férias, por exemplo, é gerada no Departamento de Pessoal ou de Recursos Humanos. O registro dessa obrigação reflete no resultado do exercício e para isso o documento precisa ser analisado para não haver equívoco em sua contabilização. Embora a conferência da informação seja de responsabilidade de quem a produziu, a contabilidade deve filtrar essa informação para ser mais uma barreira contra eventuais erros involuntários ou não.

A partir da utilização dos aplicativos gerenciais de contabilidade os registros tornaram-se mais práticos e na maioria das vezes são efetuados mediante a padronização de lançamentos e de históricos. O sistema permite que sejam cadastrados históricos e lançamentos que são rotineiros na empresa.

O acesso à informação também se torna muito mais dinâmico e com muita facilidade é possível obter qualquer relatório do presente e do passado. A impressão de um balancete do exercício anterior, por exemplo, pode ser realizada de maneira rápida, pois precisa apenas de uma indicação do período no campo de data inicial e data final.

A facilidade para obter informações permite que o contabilista elabore relatórios gerenciais bem específicos. Esses relatórios podem ser produzidos e apresentados em vários formatos, sendo mais usual a utilização de planilhas eletrônicas.

2.8 ARQUIVOS DE SEGURANÇA

As facilidades de operação devem levar em conta o risco da perda de informações já registradas. Gerar cópias de segurança pelo menos duas vezes ao dia é uma medida preventiva de grande valor. Os dados devem ser armazenados sempre nos servidores da rede interna, quando a empresa utilizar estrutura própria para gerar e armazenar seus dados.

Todos os aplicativos possibilitam a geração de arquivos de segurança e isso deve ser uma rotina obrigatória para quem atua em qualquer área. Manter mais de um arquivo, com dados armazenados em locais distintos, também é uma boa estratégia de segurança.

Eventual perda de dados pode proporcionar muitas dificuldades operacionais, com grande perda de tempo e muito retrabalho. Some-se a isto a possibilidade de perda de informações e por consequência a inconsistência dos relatórios produzidos a partir da recuperação dos dados perdidos.

Questões avaliativas

Analise com atenção cada questão apresentada a seguir e responda o que for solicitado.

1. Uma empresa brasileira, situada no estado de São Paulo, adquiriu, em 27 de dezembro de 2013, um equipamento no exterior no valor de R$ 10.000.000,00 (dez milhões de reais). O pagamento foi efetuado a vista naquela mesma data, mediante débito em conta-corrente bancária da compradora e após a conversão para a moeda do país onde fica localizada a empresa que vendeu o equipamento. A transação foi garantida por meio de contrato de compra e venda com cláusula assegurando entrega futura do bem. Tratou-se, portanto, de uma compra definitiva e com a certeza da entrega do bem por parte da empresa vendedora.

   No dia 20 de março de 2014 o equipamento foi entregue em São Paulo, na sede da empresa compradora. A instalação completa do bem foi concluída no dia 28 de março de 2014. O início da utilização efetiva do equipamento para fins produtivos ocorreu no dia 3 de abril de 2014.

   Com base nos eventos ocorridos desde o início da aquisição do bem até a sua efetiva utilização, informe:

   a) Quais as contas envolvidas a débito e a crédito no lançamento contábil que foi efetuado no dia 27 de dezembro de 2013?
   b) Que lançamento contábil deve ter sido realizado em março de 2014 em decorrência da chegada do equipamento na sede da empresa?
   c) A partir de que mês o equipamento passou a ser depreciado?
   d) Do ponto de vista societário e considerando a boa técnica contábil, justifique o lançamento do dia 27 de dezembro de 2013 e o registro nas contas informadas na resposta da letra **a**.

2. Um relatório gerencial deve ter como objetivo principal informar aos interessados, de maneira objetiva e resumida, o desempenho da empresa no período sob análise.

   Considerando que o tempo dos administradores de uma empresa deve ser bem avaliado na hora da leitura e discussão das informações de um relatório gerencial, podemos admitir o seguinte:

   a) O relatório gerencial deve conter, preferencialmente, as informações mais relevantes do período.
   b) Todas as informações contábeis de um período em análise devem ser contempladas de forma detalhada em um relatório gerencial bem estruturado.
   c) A utilização de planilhas eletrônicas facilita a elaboração de relatórios gerenciais mais dinâmicos e objetivos.
   d) O balancete sintético e analítico substitui qualquer relatório gerencial elaborado em planilhas eletrônicas.

Essas afirmações permitem concluir que:

1. Apenas a opção **a** é verdadeira;
2. Apenas a opção **b** é verdadeira;
3. Apenas as opções **a** e **c** são verdadeiras;
4. Apenas a opção **d** é verdadeira.

Capítulo 3

AUDITORIAS ELETRÔNICAS

Termos utilizados neste capítulo

Declaração: conjunto de informações utilizadas para fins fiscais. Essas informações podem ser geradas mensalmente, trimestralmente, semestralmente ou anualmente e o calendário é definido pelo Fisco em cada nível de governo (Municipal, Distrital, Estadual e Federal).

Informação eletrônica: informação produzida por meio de equipamento eletrônico, de forma digital, sem utilização de papel para a geração dos arquivos. São vários formatos que se utilizam para a geração dos arquivos, sendo o mais usual atualmente o formato em PDF.

Segregação de função: separação de atividades em função do cargo que ocupa. A contagem do estoque para fins de elaboração do inventário, por exemplo, deve ser feita por pessoa alheia ao controle do Almoxarifado.

Prática dolosa: ação realizada com o propósito claro de fraudar. Geralmente associa-se a um tipo de procedimento com a intenção de obter benefícios ou vantagens financeiras.

Validar: tornar válido, confiável.

3.1 AUDITORIAS INTERNAS

As empresas, públicas e privadas, que têm estrutura organizacional bem definida, possuem um Departamento de Auditoria para a prática de procedimentos visando evitar fraudes, erros involuntários e também a segurança do cumprimento das normas internas e externas estabelecidas ou definidas em lei. Esse departamento deve ser vinculado à instância superior da empresa (geralmente reporta-se ao Diretor-Presidente ou ao Diretor-Geral, conforme seja definido na estrutura organizacional).

Auditorias preventivas

Analisar os processos de liberação de pagamentos aos fornecedores ou aos prestadores de serviços, por exemplo, é uma boa prática de auditoria interna preventiva. Essa análise pode evitar erros ou ainda inibir práticas dolosas. As auditorias preventivas devem ser praticadas de forma rotineira e mediante um plano de trabalho bem elaborado. O foco principal da auditoria preventiva é a área financeira, com ênfase para os processos de pagamento.

Auditorias corretivas

Identificar erros após a conclusão de um processo é um trabalho difícil. Eventuais indícios de irregularidade podem ser o ponto de partida de uma auditoria corretiva. Em situações específicas a ação pode ser muito tarde e resultar em significativas perdas de recursos financeiros.

A auditoria corretiva deve ser a última opção a ser utilizada, visto que os controles internos bem estruturados podem impedir fraudes ou ações dolosas na empresa.

O cruzamento de informações é muito utilizado na prática de auditorias corretivas. Obter, mensalmente, certidões negativas dos diversos órgãos públicos também ajuda na identificação de problemas com o fisco. Compor o saldo das contas da contabilidade e confrontar com o saldo indicado nos controles internos, mediante conciliação de todos os valores registrados, também é uma prática muito utilizada.

A conciliação bancária é indispensável para se identificar vários problemas envolvendo recebimentos e pagamentos realizados pela Tesouraria. Eventuais inconsistências ou então divergências de saldos devem ser analisadas com muita atenção. Checar a lisura dos documentos de recebimentos e pagamentos também é parte de um procedimento de auditoria corretiva.

Consistência das informações

Realizar testes de consistência no processamento da folha de pagamentos, antes ou após a liberação dos créditos em conta dos empregados, também é uma atividade requerida pela Auditoria Interna. No caso da folha de pagamento, dependendo do porte da empresa, o teste pode ser por amostragem. Verificar a cada mês, aleatoriamente, 10% (dez por cento) dos valores processados para pagamento poderia resultar em uma verificação de 100% da folha paga aos empregados durante o ano. Sabe-se que é muito difícil verificar tudo, principalmente se a empresa é de médio e grande porte, pois isso dificultaria a prática de outras análises ou seria preciso uma estrutura muito ampla de auditores internos, refletindo elevados gastos.

Plano de auditoria

Elaborar um plano de auditoria por área deve ser a meta de toda auditoria tanto preventiva quanto corretiva. As duas formas de atuação se integram de tal modo que um bom plano de auditoria preventiva reduz significativamente a necessidade de auditorias corretivas.

É importante enfatizar que as ações integradas aplicadas mediante a correta utilização dos sistemas de controles internos, aplicando-se ainda a segregação de função como forma de descentralização de atividades, evita que práticas dolosas tenham êxito nas organizações. Utilizar sistemas ERP integrados torna os processos de recebimentos e pagamentos visíveis para muitas áreas da empresa e isso dificulta a prática de atos ilícitos.

Um bom roteiro de auditoria interna ajuda muito nos trabalhos de auditoria. O nível de abrangência para a equipe de auditoria atuar fica a critério da administração de cada empresa.

Há vários documentos e controles internos nas empresas, além de diversos processos que envolvem a participação de pessoas. Destaco a seguir os pontos mais vulneráveis. Eles devem merecer a máxima atenção das auditorias internas:

- adiantamentos a empregados;
- adiantamentos a fornecedores e prestadores de serviços;
- aplicações financeiras;
- balancetes mensais;
- cobranças (contas a receber);
- compras de bens de uso e consumo;

- contingências ativas;
- contingências passivas;
- contratação de seguros;
- contratos específicos, inclusive com empresas terceirizadas;
- depósitos recursais;
- despesas de viagens;
- dívidas (contas a pagar);
- estoques;
- financiamentos obtidos;
- folha de pagamentos;
- imobilizado;
- impostos e contribuições;
- movimentação de fundo fixo de caixa;
- obrigações acessórias (fiscais, trabalhistas, previdenciárias etc.);
- pagamentos por intermédio de fundo fixo de caixa;
- pagamentos a terceiros;
- pagamentos de tributos;
- processos de compra a vista e a prazo;
- processos de devolução de compras;
- processos de devolução de vendas;
- processos de indenização trabalhista;
- processos de registros contábeis;
- processos de vendas a vista e a prazo;
- processos licitatórios, quando se tratar de empresas públicas;
- processos produtivos na produção contínua ou na produção por encomenda;
- reembolso de despesas;
- requisições de materiais para uso e consumo;
- seguros e garantias diversas;
- tesouraria e movimentos diários de caixa e bancos;
- valores caucionados.

Consulta de documentos

A verificação, sempre que possível, deve ser feita mediante consulta documental na origem, ou seja, não basta olhar relatórios impressos ou disponíveis em arquivos eletrônicos. Isso significa dizer que a verificação de um pagamento de imposto, por exemplo, implica confirmação da saída do recurso da conta bancária e conferência da linha digitada do código de barras que comprova a destinação do valor, para os pagamentos realizados por meios eletrônicos, ou mediante comprovação da quitação da guia, se o pagamento for efetuado diretamente no caixa de um estabelecimento bancário.

Com os recursos tecnológicos disponibilizados por grandes bancos, os meios de pagamentos tornaram-se mais sofisticados e as transações passaram a ser concretizadas mediante liberação de arquivos eletrônicos e utilização de senhas para autorizar ao banco que efetue os pagamentos.

A auditoria interna deve confrontar os arquivos enviados para o banco com os documentos que deram origem a esses arquivos. A segregação de função deve prevalecer quando da preparação do processo de pagamento. Isso significa que quem prepara o documento deve ser pessoa diferente daquela que atesta a veracidade do mesmo.

Em algumas organizações, principalmente em empresas privadas, a função de auditoria interna se confunde com as atividades de controladoria. A eficácia da atuação depende muito da estrutura organizacional da empresa ou da instituição.

Um bom plano de auditoria interna deve focar os pontos críticos da gestão. Esses pontos estão relacionados aos procedimentos de riscos em função do uso de sistemas informatizados.

3.2 AUDITORIAS EXTERNAS

Auditorias de balanço

As auditorias externas das empresas e instituições privadas estão mais relacionadas à auditoria de balanço, com vistas à obtenção de relatório com parecer sobre as demonstrações financeiras. Esse procedimento decorre da obrigatoriedade estabelecida pela legislação societária pertinente, principalmente para as empresas que atuam sob a forma de sociedades anônimas, com ações disponíveis no mercado (capital aberto).

As auditorias externas podem ser aplicadas a qualquer tipo de sociedade, desde que haja interesse da administração ou dos sócios, se for o caso.

As empresas públicas e as empresas de economia mista estão sujeitas a mais de uma forma de auditoria. Além da auditoria do próprio poder a que estão vinculadas, elas também são auditadas por órgãos de controle externo, geralmente os Tribunais de Contas (Municipais, Estaduais, Distritais e da União).

Os procedimentos mais usuais das auditorias externas são realizados a partir da elaboração do balanço do exercício. A apresentação do conjunto de demonstrações financeiras possibilita que o auditor externo passe a elaborar o plano de trabalho, tendo como referência os números apresentados nos relatórios fornecidos pela empresa.

De maneira geral, as auditorias encontram pontos e registros que merecem atenção especial. Isso é evidenciado em seu relatório preliminar, com o objetivo de propor as alterações necessárias.

A realização de testes de consistência e de confirmação de posição é um procedimento padrão. A circularização para clientes e fornecedores é uma prática usual para a realização destes testes.

Auditorias fiscais

As empresas em geral, mesmo as que não fazem auditoria de balanço, estão sujeitas à fiscalização do governo em seus diversos níveis. O fisco atua no controle e cobrança dos diversos tributos que precisam ser arrecadados. A divisão por nível de governo é a seguinte:

Governo Municipal: arrecadação do ISS, do IPTU e outros;

Governo Estadual/Distrital: arrecadação do ICMS, do ITVI, do IPVA e outros;

Governo Federal: arrecadação do IRPJ, do IPI, do II e outros.

O monitoramento da arrecadação desses tributos tem sido aperfeiçoado a cada ano e a utilização de programas específicos modificou a forma de relacionamento com o fisco. A instituição da nota fiscal eletrônica, por exemplo, ampliou a abrangência de arrecadação porque a base de controle de emissão dos documentos fiscais é no próprio órgão arrecadador.

3.3 AUDITORIAS ESPECÍFICAS

A forma de atuação da auditoria interna depende do foco de trabalho. É normal focar uma área específica em cada mês do ano, visando dar mais amplitude aos trabalhos. Esse procedimento não deve ser anunciado com antecedência e precisa ser modificado a cada mês ou a cada semestre, se for o caso.

É importante salientar que a existência de um Departamento de Auditoria Interna não assegura a ausência de fraudes ou de práticas dolosas. O que minimiza essas práticas é o envolvimento de pessoas com atividades diferenciadas em cada processo, conforme já mencionei ao tratar sobre segregação de função. Envolver mais de uma pessoa torna bem difícil a prática dolosa na empresa, pois precisa haver cumplicidade de quem estiver envolvido no processo.

Em situações que justifiquem a ação, as empresas e demais instituições, públicas ou privadas, podem solicitar auditorias específicas para determinada área de atuação. Esse procedimento ocorre quando há evidências da possibilidade de existência de problemas com o controle interno, riscos de fraudes ou mesmo falta de consistência nos relatórios gerenciais apresentados em determinado período.

As auditorias específicas mais requeridas, principalmente nas grandes empresas, são relacionadas às seguintes áreas:

- Recursos humanos – folha de pagamento;
- Almoxarifado – estoques;
- Bens patrimoniais – imobilizado;
- Produção/parque produtivo – processo de produção;
- Financeira – contas a pagar, contas a receber, tesouraria etc.;
- Comercial – compra e venda de bens e serviços.

A depender da necessidade de aprofundamento da pesquisa, a auditoria específica pode ser estendida para outras áreas relacionadas.

Apresento a seguir um quadro que demonstra um plano de auditoria de balanço. O modelo pode ser aplicado para auditorias específicas e é bastante utilizado por empresas que atuam de forma planejada, com definição prévia das etapas para a realização dos trabalhos.

EMPRESA BRASILEIRA MODELO S.A.

CRONOGRAMA DE ATIVIDADES PARA O EXERCÍCIO DE 2014

ETAPAS	1ª ETAPA (janeiro/ setembro)	2ª ETAPA (inventário)	3ª ETAPA (outubro/ dezembro)
	22/10/2014 a 09/11/2014	26/12/2014 a 30/12/2014	18/02/2015 a 29/02/2015
Obtenção e exame das informações sobre o atendimento às recomendações de melhoria dos controles internos constantes do relatório da auditoria do período anterior.			
Conferência do saldo disponível em poder do caixa geral da sede e outros fundos rotativos, mediante contagens físicas e outros procedimentos.			
Exame das conciliações bancárias.			
Confirmação de saldo através de circularização: Bancos, Clientes, Investimentos, Seguros, Advogados, Fornecedores.			
Dotação orçamentária.			
Confirmação, em base de testes, dos saldos das contas a receber e outros créditos indicados no ativo circulante e realizável em longo prazo, com a finalidade de formação de opinião sobre os créditos.			
Análise dos saldos das contas de adiantamento a funcionários.			
Análise dos saldos das contas de Despesas Antecipadas, visando certificar-se sobre sua procedência e correta apropriação.			
Acompanhamento do inventário dos estoques de materiais de consumo no almoxarifado e outros locais de guarda; revisão em base de testes das contagens físicas realizadas pela comissão interna de inventário.			
Análise das contas de investimentos, através do exame dos títulos e da circularização das instituições investidas.			
Comprovação, em base de testes, das principais adições e baixas ocorridas durante o ano com referência às imobilizações técnicas, inclusive controle de localização das mesmas, bem como conferência dos critérios de cálculos utilizados para a depreciação.			

ETAPAS	1ª ETAPA (janeiro/setembro)	2ª ETAPA (inventário)	3ª ETAPA (outubro/dezembro)
	22/10/2014 a 09/11/2014	26/12/2014 a 30/12/2014	18/02/2015 a 29/02/2015
Confirmação, em base de testes, dos saldos das contas a pagar indicadas no passivo circulante e no exigível em longo prazo.			
Análise e comprovação, em base de testes, das contas de despesas.			
Análise e comprovação, em base de testes, das contas de receitas.			
Revisão do controle do Imobilizado e localização das adições do exercício.			
Revisão dos procedimentos contábeis, de controles internos e administrativos do Setor Pessoal.			
Revisão, em base de testes, das compras realizadas.			
Revisão, em base de testes, dos processos de compras ocorridos durante o período.			
Verificar a tempestividade de entrega das declarações: DIPJ; DCTF; DIRF; RAIS; PERDCOMP e outras específicas da atividade da empresa.			
Solicitação ao Setor Jurídico das relações de processos trabalhistas, cíveis e tributários.			
Análise dos livros sociais.			
Auditoria Fiscal (Impostos e Contribuições).			
Relatório dos auditores independentes.			
Reunião com a Administração para discussão do relatório dos auditores independentes.			
Apresentação do relatório definitivo dos auditores independentes.			

Questões avaliativas

1. As auditorias são fundamentais para avaliação dos controles internos e dos valores apresentados nas demonstrações financeiras de uma empresa.

   Do ponto de vista societário podemos considerar que:

   a) A auditoria externa é exigida para todas as empresas, independentemente do seu porte.

   b) A auditoria interna não contribui para a melhoria dos controles internos da empresa.

   c) Os controles internos bem estruturados facilitam as análises realizadas pelas auditorias internas e externas de uma empresa de grande porte.

   d) A existência de bons controles internos dispensa a necessidade de auditorias na empresa.

   Com base nas afirmações acima podemos concluir que:

   1. Apenas a opção **b** é verdadeira.
   2. A opção **a** é verdadeira e a opção **b** é falsa.
   3. Apenas a opção **c** é verdadeira.
   4. Apenas as opções **c** e **d** são verdadeiras.

2. Informe três áreas críticas de uma empresa que precisa ser monitorada de forma sistemática por auditorias internas preventivas.

3. Elabore um plano de auditoria para avaliar os controles de estoque de uma empresa comercial que distribui produtos farmacêuticos.

4. Quais as formas de sociedade que são obrigadas a ter suas demonstrações financeiras auditadas por empresa de auditoria externa independente?

Capítulo 4

SISTEMAS INTEGRADOS DE CONTROLES INTERNOS

Termos utilizados neste capítulo

Aplicativo: programa específico (*software*) utilizado para determinado fim. Parte de um sistema integrado. Utilitário.

Configurar: definir critérios de acesso e uso.

Grande porte: empresa com faturamento representativo. Geralmente são empresas que faturam mais de 75 milhões por ano. O critério de classificação é variável e é em função do órgão avaliador.

Inconsistência: ausência de confiabilidade nos dados apresentados. Insegurança na informação gerada a partir de determinado aplicativo.

Integrado: associado a outra área da empresa. Conexão entre sistemas que guardam, em forma de arquivo compatível, informações comuns a várias áreas da empresa.

Novas Tecnologias: conjunto de equipamentos e *softwares* que são disponibilizados pelo mercado para fins de utilização em várias atividades empresariais. Invariavelmente inclui o conceito de informação digital e da utilização da rede mundial de computadores (Internet).

Operacional: associado a operação, funcionamento. As atividades operacionais de uma empresa variam de acordo com o ramo de atividade.

4.1 HISTÓRICO

A utilização plena dos sistemas integrados de controles internos no Brasil tem pouco mais de duas décadas. Em termos de evolução, eles acompanharam o progresso da Internet e evoluíram a partir dessa nova tecnologia.

Durante algum tempo as empresas utilizavam módulos específicos, de forma isolada. O mais demandado era o módulo de Estoque, pois era necessário controlar diariamente a movimentação de bens e materiais tanto na indústria quanto no comércio. Em seguida foram sendo implantados outros módulos, de maneira isolada. Isto significava que as empresas dispunham de vários módulos licenciados para utilização, mas não havia interatividade entre eles, pois faltava comunicação a esses aplicativos.

A partir de mudanças abrangentes na legislação tributária e mais avanço da tecnologia da informação, mediante o uso sistemático da Internet para várias atividades, as empresas de médio e grande portes e os escritórios de contabilidade perceberam a necessidade de utilização dos sistemas integrados e passaram a implantar esses aplicativos.

Atualmente é muito amplo o universo de empresas e escritórios que utilizam os aplicativos de controle interno integrados, conhecidos como Enterprise Resources Planning (ERP).

4.2 FUNCIONALIDADES DOS APLICATIVOS

Os aplicativos integrados funcionam em módulos isolados ou de forma integrada. De forma isolada eles não interagem com as áreas da empresa que necessitam das informações geradas em cada módulo. Isto provoca retrabalho e, em algumas situações, inconsistência de dados para fins gerenciais.

Do ponto de vista operacional, a falta de integração torna o aplicativo ocioso para uma das suas principais funções, que é evitar o retrabalho e uniformizar a base de dados para as informações demandadas. Além disso, as novas demandas de ordem tributária tornam as empresas praticamente dependentes de muitas informações que são geradas pelos diversos aplicativos do sistema. Essas informações, na maioria das vezes, também são registradas na Contabilidade da empresa e transformadas em arquivos para informações do SPED.

Com base nessa premissa, é possível afirmar que as empresas de médio e grande portes teriam grandes dificuldades para desenvolver e acompanhar suas rotinas de trabalho diário se não utilizassem esses recursos.

O fluxo de informações de um sistema integrado varia em função da atividade empresarial. No comércio, por exemplo, o módulo Estoque de um sistema integrado tem o seguinte fluxo de informações gerenciais:

- Módulo de Compras (controle de pedidos e de fornecimento dos materiais).
- Módulo Financeiro (registro da obrigação com o fornecedor para as operações de compras a prazo).
- Módulo de Livros Fiscais (registro das operações fiscais envolvidas na operação de compra e venda de mercadorias).
- Módulo de Contabilidade (registro contábil da transação realizada).

As telas a seguir servem para ilustrar as funcionalidades de vários módulos que são utilizados em uma empresa:

As funções operacionais comuns a todos os módulos são as seguintes:

- Cadastro.
- Atualizações.
- Consulta.
- Relatórios.
- Específicas.

A função de Cadastro é a mais importante, pois é a partir do registro dos dados cadastrais que são geradas todas as informações para a movimentação e a atualização dos dados, a obtenção de consultas e a geração dos relatórios.

A partir da instituição do SPED, muitos problemas de inconsistência de informação foram decorrentes da existência de dados incorretos nos cadastros dos diversos módulos existentes na empresa.

A inclusão de informações incompletas durante a implantação dos módulos também tem aumentado as dificuldades de alguns usuários no momento da validação do arquivo gerado para enviar para o SPED. Um dígito verificador errado no CNPJ ou no CPF de um cliente, por exemplo, pode ser motivo para inconsistência em determinado relatório, uma vez que o validador deixa de reconhecer aquele número quando da comparação com o que está cadastrado na Receita Federal do Brasil.

É correto afirmar que o sucesso de um sistema ERP depende da fase de implantação, do treinamento adequado dos usuários e da boa manutenção dos dados de registros.

Telas do módulo Estoque

Integração com os módulos: Compras, Financeiro (Contas a Pagar a Fornecedores), Contabilidade e Livros Fiscais. Nas empresas industriais esse módulo também deve ser integrado ao módulo de produção.

SIGEST – Sistema Integrado de Gestão		Módulo Estoque	Reduzir	Ampliar	Fechar
EMPRESA BRASILEIRA MODELO S.A.					
LOGOTIPO DA EMPRESA	**Cadastro** Produtos Indicador produtos Tipos de Entrada/Saída Endereços Cond. de pagamento	_código de produtos Indicador (mod. 2) Tes Inteligente Priori. Endereçam. Lanç. padronizados	Unidades medida Complemento. produto Fornecedores Centros de custo Fórmulas	NCM Consumos médios Contatos Moedas M-messenger	Grupo de produtos Tipos movimentação Produto x fornecedor Naturezas Banco Conhecimento
Opções de acesso Atualizações Cadastros Engenharia Config. produtos Estoques Mov. internos Endereçamento Requis. ao armazém Mov. produção Processamento Rastreabilidade Pedidos p/ devol. Doc. Devolução NF Solicitação compras Consultas Relatório Específicos Ajuda	**Engenharia** Estruturas Tabela da grade	Revisão estrutura Curva de caracter.	Pré-estrutura	Grupo de opcionais	Grades de produtos
	Config. Produtos Config. produto	Codificação	Conjuntos		
	Estoques Saldos iniciais	Sal. inic. fifo/lifo	Sal. Nic. rastro	Sal. inic. endere.	Saldos em estoque
	Movimentos Internos Aviso recbto. Carga Desp. Importação Desmontagem prods.	Pré-nota entrada Internos Inventário	Documentos entrada Internos (mod. 2) Baixas do Cq	Transfer. filiais Transferências	Nt conhec. frete Transf. (mod. 2)
	Endereçamento				
SIGEST	EMPRESA BRASILEIRA MODELO S.A.	Usuário	Data	Acesso ao Sistema	Indicador de segurança

SIGEST – Sistema Integrado de Gestão		Módulo Estoque	Reduzir	Ampliar	Fechar
EMPRESA BRASILEIRA MODELO S.A.					
LOGOTIPO DA EMPRESA					
Opções de acesso	**Mov. Produção**				
Atualizações	Ordens de produção	Ops. previstas	Scs. previstas	Aes. previstas	Produção
Cadastros	Ajuste de empenhos	Ajuste emp. (mod. 2)	Apontamento perda		
Engenharia					
Config. produtos	**Processamento**				
Estoques	Lc. ctb. doc. entrada	Bloq. inventário			
Mov. internos					
Endereçamento					
Requis. ao armazém	**Rastreabilidade**				
Mov. produção	Manut. de lotes	Bloqueio de lotes			
Processamento					
Rastreabilidade	**Pedidos p/ devolução**				
Pedidos p/ devol.	Pedidos de venda	Liberação pedidos	Liberação estoque	Liberação cred./est.	
Doc. devolução NF					
Solicitação compras	**Doc devolução NF**				
Consultas	Documento de saída	Exclusão de NFs			
Relatório	**Solicitação Compras**				
Específicos	Solict. de compra	_impressão solic. compras			
Ajuda					
SIGEST	EMPRESA BRASILEIRA MODELO S.A.	Usuário	Data	Acesso ao Sistema	Indicador de segurança

SIGEST – Sistema Integrado de Gestão		Módulo Estoque	Reduzir	Ampliar	Fechar
EMPRESA BRASILEIRA MODELO S.A.					
LOGOTIPO DA EMPRESA	Requis. p/ consumo Kardex p/ dia Análise de mov. Transf. filiais	Relação de perdas Resumo do Kardex Relação real x Kardex Ana. recursividade	Produtos vendidos Kardex por lote Relação por Op. Mapa prod. control.	Itens das Nfs Reg. invent. mod. 7 Posição das Sas. Saldo em processo	Kardex Reg.Kardex mod 3 Controle das Sas.
Opções de acesso Atualizações Consultas Relatórios Cadastros Posição de estoque Análise movimentos Genéricos Endereçamento Custo Fifo/lifo Custo em partes Específicos Indicadores nativos Específicos Ajuda	**Genéricos** Notas Itens/inventário Nfs de/em terc.	Lista de preços Div. mult. contagens Rel. liberação Cq	Formação de preços Conf. do inventário NF orig. x NF frete	Pick-list Boletim ent. fatura	Etiquetas Poder de/em terc.
	Endereçamento Saldos a distribuir	Pos. deta. estoque	*Pick-list* endereço	Kardex endereço	Etiq. cod. barras
	Custo Fifo/Lifo Rel. Ops. Fifo/lifo	Kardex Fifo/lifo	Produtos vendidos	Problemas baixa	Comparativo custos
	Custos em Partes Kardex p/ C. partes	C.partes x C. médio			
	Específicos _itens p/ inventário _análise de estoque _demonstrativo papel imune	_relação de análise de est. _rel.codificação produtos _produtos sem movimento	_resumo Kardex p/ per. _análise mov. produtos _relação prod. NF	_etiqueta do prod. _custo última ent.	_Requisições p/ consumo _movimentação NF

SIGEST	EMPRESA BRASILEIRA MODELO S.A.	Usuário	Data	Acesso ao Sistema	Indicador de segurança

SIGEST – Sistema Integrado de Gestão			Módulo Estoque	Reduzir	Ampliar	Fechar
EMPRESA BRASILEIRA MODELO S.A.						
LOGOTIPO DA EMPRESA	**Cadastros**					
	Genéricos	Gen. relacional	Posição fornecedor		Formação de preços	Kardex p/ dia
	Produto	Consulta pos. Sa	Cons. Ambiente prod.			
Opções de acesso	**Rastreabilidade**					
Atualizações	Rastreamento	Sublotes	Lotes		Aprop. apl. p/ cotas	
Consultas						
Cadastros	**Endereçamento**					
Rastreabilidade	Saldo por endereço	Lote x endereço				
Endereçamento						
Relatórios						
Específicos						
Ajuda						
Ajuda (*on-line*)						
SIGEST	EMPRESA BRASILEIRA MODELO S.A.	Usuário	Data	Acesso ao Sistema	Indicador de segurança	

Telas do módulo Faturamento

Integração com os módulos: Estoque, Financeiro (Contas a Receber e Tesouraria), Contabilidade e Livros Fiscais.

SIGEST – Sistema Integrado de Gestão			Módulo Faturamento Atualizações		
EMPRESA BRASILEIRA MODELO S.A.					
Faturamento	**Cadastro**				
Atualizações	Produtos	Grupos de produtos	Inclusão número NF-e	Unidades medidas	Indicador produtos
Cadastros	Indicador (mod. 2)	Complem. produtos	Grades de produtos	Tabelas da grade	Curvas de caráter
Cenários de venda	Município	Clientes	Produtos x clientes	Bancos	Vendedores
Crm – Contratos	Transportadoras	Veículos	Tipos entrada/Saída	TES inteligente	Classificação TES
Orçamentos	Exceções fiscais	Impostos variáveis	Cond. de pagamento	Naturezas	Pauta de frete
Pedidos	Moedas	Lanc. padronizados	Fórmulas	M-messenger	
Faturamento	**Cenários de venda**				
Consultas	Tabela de preço	Regras de desconto	Regras de bonific.	Regras de negócio	Regras bonif. finan.
Relatórios	Verbas de vendas	Mov. de verbas	Previsão de vendas	Categoria de prod.	Amarração cat. x prd.
Específicos	Restrições-visitas	Grupo de clientes	Estrutura/clientes	Metas de venda	Processo de venda
Ajuda	Parceiros	Eventos de visitas	Concorrentes	Cargos de contatos	Contatos
	Prospectos	Grupo/represent.	Estrutura/vendas	Banco conhecimento	
	Crm – Contratos				
	Parcerias				
	Orçamentos				
	Sugestão orçamento	Orçamento	Aprovação de venda		
	Pedidos				
	Pedidos de venda	Liberação regras	Liberação pedidos	Na. crédito pedido	An. crédito cliente
	Liberação de estoque	Liberação cred./est.	Controle reserva	Eliminar resíduos	Boleto Banco Brasil
SIGEST	**EMPRESA BRASILEIRA MODELO S.A.**		**Usuário**	**Data**	**Configurações**

SIGEST – Sistema Integrado de Gestão	Módulo > Faturamento > Consultas				
EMPRESA BRASILEIRA MODELO S.A.					
Contabilidade Gerencial Localizar Atualizações Consultas Cadastros Crm – Adm. vendas Relatórios Miscelânea Ajuda	**Cadastros** Genéricos	Gen. Relacional	Posição Cliente	Consulta Produto	Consulta NF Saída
	Crm – Adm. Vendas Pipeline				
SIGEST	EMPRESA BRASILEIRA MODELO S.A.	Usuário	Data	Configurações	

SIGEST – Sistema Integrado de Gestão | **Módulo > Faturamento > Relatórios**

EMPRESA BRASILEIRA MODELO S.A.

Faturamento

Localizar
- Atualizações
- Consultas
- Relatórios
- Cadastros
- Orçamentos
- Vendas
- Faturamento
- Adm. vendas
- Endereçamento
- Específicos
- Indicadores nativos
- Miscelânea
- Ajuda

Cadastros				
Produtos	Clientes	Transportadora	Vendedores	Cond. pagamento
Bancos	Grupo de produtos	Tes inteligente	Tipos de Ent./Saída	Complem. produtos
Produtos x Clientes	Impostos variáveis	Grade de produtos	Indicador produtos	
Orçamentos				
Sugestão orçamento	Instr. de montagem	Relação orçamento		
Vendas				
Lista de Preços	Relatórios visitas	Ped. venda x cliente	Ped. venda x produto	Ped. por produto
Pedidos n/ Entregues	Disponibilidades	Pedidos a faturar	Minuta faturamento	Pré-nota
Rel. Nf p/ Transport	Romaneio transport.	Pedidos com grade	Lista prec x cli.	*Pick-list* fatur.
Pick-list pedidos				
Faturamento				
Rel. de comissões	Rel. de N. fiscais	Faturam. p/ prazo	Real x previsto	Fat. por vendedor
Fat. por cliente	Fat. Cli. x Prod.	Rel. de duplicatas	Resumo de venda	Nota Fiscal Rdmake
Emissão N. fiscais	Emissão de faturas	Etiquetas volumes	Devolução venda	Curva Abc (região)
Curva Abc (cliente)	Mala-direta	Transf. filiais	Correlação (nsu)	
Adm. Vendas	Processos de venda	Contrato parceria	Despesas visitas	Metas x Realizados
Oportunidades				
Workarea				

SIGEST | **EMPRESA BRASILEIRA MODELO S.A.** | **Usuário** | **Data** | **Configurações**

SIGEST – Sistema Integrado de Gestão	Módulo > Faturamento > Específicos
EMPRESA BRASILEIRA MODELO S.A.	

Faturamento

Localizar
- Atualizações
- Consultas
- Relatórios
- Específicos
- Planilha Excel
- Dicionário Crystal
- Ajustes
- Fechamento
- *Workflow*
- _int Intranet e P.v
- Ambiente
- Ecossistema
- Usuários
- *Spool*
- Senhas
- Configuração de tema
- Inscr. Event *Viewer*

Ajustes

Refaz acumulados	Refaz Poder Terc.	Limpeza mensal

Fechamento

Atual. cons. vendas	Lct. ctb. doc. saída	Serasa relato

Workflow

Rastreabilidade	Processos usuários	Messenger

_int Intranet e P.v

_manutenção Integração	_critica e Executa Integração

SIGEST	EMPRESA BRASILEIRA MODELO S.A.	Usuário	Data	Configurações

Telas do módulo Financeiro

Integração com os módulos: Compras, Estoque, Faturamento (Contas a Receber e Tesouraria), Folha de Pagamento, Contabilidade e Livros Fiscais.

SIGEST – Sistema Integrado de Gestão			Módulo Financeiro	Reduzir Ampliar	Fechar
EMPRESA BRASILEIRA MODELO S.A.					
LOGOTIPO DA EMPRESA	**Cadastros** Fornecedores Naturezas Contrato bancário Fórmulas Tabela Irrf	Clientes Orçamentos Ocorrências Cnab Índices aplicados	Vendedores Contatos Ocorrênc. extratos Tabela de loc	Bancos Lançamento padrão Parâmetros bancos Plano de venda	Moedas Tipos de títulos Cond. pagamento Adm. financeira
Opções de acesso [campo de buscas] Atualizações Cadastros Gestão Financeira Contas a receber Contas a pagar Movimento bancário Diversos Caixinha Aplicações/Emprest. Comissões Comunic. Bancária Consultas Relatórios Específicos Ajuda	**Gestão Financeira** Painel financeiro	Painel gestor	Painel tesouraria	Painel C. pagar	Painel C. receber
	Contas a Receber Funções Ctas a Rec. Baixas a receber Compensação Cr. Liquidação	Contas a receber Baixas rec. automat. Compes. carteiras Solic. de transf.	Receb. diversos Faturas a receber Canc. rec. diversos Aprov/rej. Transf.	Renegociação Cr Borderô cheques Cheques recebidos	Transferências Manutenção borderô Devolução cheques
	Contas a Pagar Funções Ctas. a pag. Borderô Pagamentos _reimprime cheque Documento entrada	Document. entrada compra Manutenção borderô Compensação Cp	Contas a pagar Faturas a pagar Compens. carteiras	Baixas pagar man. Cheques s/ títulos Liberação p/ baixa	Baixas pagar autom. Geração cheques Liquidação
	Movimento Bancário Saldos bancários	Movimento bancário	Concil. bancária	Concil. automática	
SIGEST	EMPRESA BRASILEIRA MODELO S.A.		Usuário Data	Acesso ao Sistema	Indicador de segurança

<table>
<tr><td colspan="3">SIGEST – Sistema Integrado de Gestão</td><td>Módulo Financeiro</td><td>Reduzir Ampliar</td><td>Fechar</td></tr>
<tr><td colspan="6">EMPRESA BRASILEIRA MODELO S.A.</td></tr>
<tr><td>LOGOTIPO
DA EMPRESA</td><td>Cadastros
Clientes
Relação naturezas</td><td>Fornecedores
Mala-direta – cartas</td><td>Ficha cadastral</td><td>Vendedores</td><td>Bancos</td></tr>
<tr><td rowspan="4">Opções de acesso
[campo de buscas]
Atualizações
Consultas
Relatórios
Cadastros
Contas a receber
Contas a pagar
Comissões
Movimento bancário
Resumo financeiro
Caixinha
Comunic. bancária
Aplicações/emprest.
Específicos
Indicadores nativos
Específicos
Ajuda</td><td>Contas a Receber
Títulos a receber
Histórico de clientes
Pos. geral cobrança
Boleto – Rdmake
Cheques devolvidos</td><td>Tít. rec. p/ vendedor
Juros recebidos
Posição clientes
Eficiência de cobrança
Rel. retenção Inss</td><td>Recebtos. diversos
Juros dev. N. pagos
Sugestão bloqueio
Liquidação
Tít. rec. c/ ret. imp.</td><td>Rec. div. x cliente
Maiores devedores
Boleto genérico
Livro duplicatas
Emissão borderôs</td><td>Informe rec. divers.
Aging
Tít. Enviados Bco.
Movto. Mês a mês
Tít. receber NF-e</td></tr>
<tr><td>Contas a Pagar
Títulos a pagar
Impressão cheques
Eficiência C. pagar
Retenção impostos</td><td>Emissão borderôs
Aging
Mapa de rateio
Tít. pagar c/ ret .im.</td><td>Pos. fornecedores
Cópia de cheques
Emissão de Darf
Rel. aglutinadores</td><td>Relação cheques
Cheques cancelados
Emissão de Gps
Rel aglut. imposto</td><td>Cheques especiais
Borderô pagamentos
Pos. geral c. pagar</td></tr>
<tr><td>Comissões
Previsão Comissões</td><td>Relação comissões</td><td colspan="3">Rel. comis. cobrador</td></tr>
<tr><td>Movimento Bancário
Extrato bancário
Fluxo de caixa analít.</td><td>Movimento financeiro diário
Relação de baixas</td><td>Moviment. bancária
Baixa por lote</td><td>Movim. caixa diário</td><td>Fluxo caixa realiz.</td></tr>
<tr><td>SIGEST</td><td colspan="2">EMPRESA BRASILEIRA MODELO S.A. Usuário</td><td>Data Acesso ao Sistema</td><td colspan="2">Indicador de segurança</td></tr>
</table>

SIGEST – Sistema Integrado de Gestão		Módulo Financeiro	Reduzir Ampliar Fechar
EMPRESA BRASILEIRA MODELO S.A.			
LOGOTIPO DA EMPRESA	**Cadastros** Genéricos	Gen. relacional	
Opções de acesso [campo de buscas] Atualizações Consultas Cadastros Contas a receber Contas a pagar Movimento bancário Relatórios Específicos Ajuda	**Contas a Receber** Posição de cliente	Posição título rec.	
	Contas a Pagar Posição fornecedor	Posição título pag.	
	Movimento Bancário Fluxo de caixa	Orçados x reais mês	Orçados x reais ano
SIGEST	EMPRESA BRASILEIRA MODELO S.A.	Usuário Data Acesso ao Sistema	Indicador de segurança

SIGEST – Sistema Integrado de Gestão			Módulo Financeiro	Reduzir Ampliar	Fechar
EMPRESA BRASILEIRA MODELO S.A.					
LOGOTIPO DA EMPRESA	**Recálculos** Rec. Saldos bancar Apuração Inss	 Refaz acumulados Aglut. Pis/Cof/Csl	 Ref. Dados Cli/For Recálculo caixinha	 Recalc. comissão	 Aglut. imposto
Opções de acesso [campo de buscas] Atualizações Consultas Relatórios Específicos Recálculos Contábil Integrações Arquivos *Workflow* Ambiente Ecossistema Usuários *Spool* Senhas Configuração de tema Inscr. *Event viewer* *Single Sing On Users*	**Contábil** Contábil *off-line* **Integrações** Planilha excel **Arquivos** Serasa relato Gera dados p/ Dirf ***Workflow*** Rastreabilidade	 Contáb. Var. Monet. Dicionário Crystal Cheques Gera dados Sefip Processos usuários	 Aprop. apl./emp. fin. Tabela mot. baixas Messenger	 Aprop. apl. p/ cotas Elim. de resíduos	 Limpeza mensal
SIGEST	EMPRESA BRASILEIRA MODELO S.A.		Usuário Data	Acesso ao Sistema	Indicador de segurança

SIGEST – Sistema Integrado de Gestão			Módulo Financeiro	Reduzir	Ampliar	Fechar
EMPRESA BRASILEIRA MODELO S.A.						
LOGOTIPO DA EMPRESA	**Recálculos**					
Opções de acesso [campo de buscas] Atualizações Consultas Relatórios Específicos Recálculos Contábil Integrações Arquivos *Workflow* Ambiente Ecossistema Usuários *Spool* Senhas Configuração de tema Inscr. *Event viewer* *Single Sing On Users*	**Contábil** Contábil *off-line*	Contáb. Var. Monet.	Aprop. apl/emp. fin.	Aprop. apl. p/ cotas		
	Integrações Planilha excel	Dicionário Crystal				
	Arquivos Serasa relato Gera dados p/ Dirf	Cheques Gera dados Sefip	Tabela mot. baixas	Elim. de resíduos	Limpeza mensal	
	Workflow Rastreabilidade	Processos usuários	Messenger			
SIGEST	EMPRESA BRASILEIRA MODELO S.A.	Usuário	Data	Acesso ao Sistema	Indicador de segurança	

Telas do módulo Contabilidade Gerencial

Integração com os módulos: Estoque, Faturamento (Clientes), Financeiro (Contas a Pagar e a Receber, Tesouraria), Folha de Pagamento, Produção (Custos e Centros de Custos) e Livros Fiscais.

SIGEST – Sistema Integrado de Gestão			Módulo Contabilidade Gerencial		
EMPRESA BRASILEIRA MODELO S.A.					
Contabilidade Gerencial	**Cadastros**				
Localizar	Calendário contáb.	Moedas contábeis	Moeda x calendário	Câmbio	Config. contábeis
Favoritos	Plano de contas	Plano cta. referencial	Visão geral	Custos	Amarrações
Recentes	Hist. inteligente	Pontos lançamentos	Lançamento padrão	Relacionamentos	Rateio *On-line*
Atualizações	Rateio externo	Rateio *off-line*	Roteiro consolidado	Orçamentos	Intercompany
Cadastros	**Movimentos**				
Movimentos	Lançam. contábeis	Lançam. contáb. automát.			
Consultas					
Relatórios					
Miscelânea					
Ajuda					
SIGEST	EMPRESA BRASILEIRA MODELO S.A.		Usuário	Data	Configurações

SIGEST – Sistema Integrado de Gestão Módulo Contabilidade Gerencial

EMPRESA BRASILEIRA MODELO S.A.

Contabilidade Gerencial	**Lançamentos Contábeis**				
Localizar	Visualizar	Incluir	Alterar	Excluir	Estornar
Favoritos	Copiar	Rastrear	*Browse*		
Recentes					
Atualizações	**Lançamentos Contábeis Automáticos**				
Cadastros	Visualizar	Incluir	Alterar	Excluir	Estornar
Movimentos	Copiar	Rastrear	*Browse*		
Lançam. contábeis					
Lançam. contáb. automát.					
Consultas					
Relatórios					
Miscelânea					
Ajuda					

SIGEST	EMPRESA BRASILEIRA MODELO S.A.	Usuário	Data	Configurações

SIGEST – Sistema Integrado de Gestão			**Módulo Contabilidade Gerencial**		
EMPRESA BRASILEIRA MODELO S.A.					
LOGOTIPO DA EMPRESA	**Cadastros**				
	Plano de contas	Centro de custos	Item contábil	Classe de valor	Orçamento
	Visão gerencial	Histórico			
Contabilidade Gerencial	**Operacionais**				
Localizar	Conf. digitação	Relação sublote	Conf. lanc. ct. ponte	Conf. dig. doc. fisc	Rel. sublt. doc. fisc.
Favoritos	Rel. lanç. por cc	Lançtos. diferença	Conf. lançamentos		
Recentes	**Balancetes**				
Atualizações	Modelo 1	Modelo 2	Gráfico	6 colunas	Conversão moedas
Consultas	Centro de custo	Item contábil	Classe de valor	Conta x c. custo	Conta x item
Relatórios	C. custo x conta	C. custo x item	C. custo x cl. valor	Item x conta	Item x c. custo
Cadastros	Item x cl. valor	Cl. valor x conta	Cl. valor x c. custo	Cl. valor x item	C. c. x cta x item
Operacionais	C. c. x cta x item x clvl	1 Entid. com filtro	2 entid. filtra 3 a	Balanço modelo 1	Balanço modelo 2
Balancetes					
Razões	**Razões**				
Diários	_contábil	Contábil	2 Moedas	Contas por doc. fisc.	Gerencial
Comparativos	Centro custo	Contábil	Classe de valor		
Demonstrativos					
Indicadores nativos	**Diários**				
Miscelânea	Contábil	Doc. fiscal	Fluxo de contas		
Ajuda	**Comparativos**				
	Plano Cta. Referencial				
SIGEST	**EMPRESA BRASILEIRA MODELO S.A.**	**Usuário**	**Data**	**Configuração**	

Telas do módulo Imobilizado

Integração com os módulos: Compras, Financeiro (Contas a Pagar e Tesouraria), Contabilidade e Livros Fiscais.

SIGEST – Sistema Integrado de Gestão			Módulo Imobilizado	Reduzir Ampliar	Fechar
EMPRESA BRASILEIRA MODELO S.A.					
LOGOTIPO DA EMPRESA	**Cadastros** Ativos Cadastros custos Fornecedores _grupo de bens	Plano de contas Desc. estendida Contatos Banco conhecimento	Lançamento padrão Inventário Fórmulas Cad. pessoas	Moedas Classif. compras Apólices de seguro Respons. X bens	Coefs. Desvl. Monet. Ações Grupo de bens
Opções de acesso [campo de buscas] Atualizações Cadastros Movimentos Inventário NFe – Estadual Consultas Relatórios Miscelânea Ajuda	**Movimentos** Baixas Documento entrada	Baixas adiantam.	Transferências	Ampliação	Aquis. por transf.
	Inventário _período de inventário	_registro de inventário	_gera arquivo para leitor	Visualiza Logs	
	Nfe – Estadual Pedidos de venda	NFs-e estadual	Exclusão doc. saída	Reprocessamento	
SIGEST	EMPRESA BRASILEIRA MODELO S.A.		Usuário	Data Acesso ao Sistema	Indicador de segurança

SIGEST – Sistema Integrado de Gestão		Módulo Imobilizado	Reduzir Ampliar Fechar
EMPRESA BRASILEIRA MODELO S.A.			
LOGOTIPO DA EMPRESA	**Cadastros** Genéricos Gen. relacional		
Opções de acesso [campo de buscas] Atualizações Consultas Cadastros Ativos Relatórios Miscelânea Ajuda	**Ativos** Ficha do ativo Gráfico depreciac. Valores contábeis		
SIGEST	EMPRESA BRASILEIRA MODELO S.A. Usuário Data	Acesso ao Sistema	Indicador de segurança

SIGEST – Sistema Integrado de Gestão | Módulo Imobilizado | Reduzir | Ampliar | Fechar

EMPRESA BRASILEIRA MODELO S.A.

LOGOTIPO DA EMPRESA	**Cadastros** Ativos	Apólices de seguro	Ficha do ativo	Respons. x bens	Apólices x bens
Opções de acesso [campo de buscas] Atualizações Consultas Relatórios Cadastros Movimentos Específicos Indicadores Nativos Específicos Ajuda	**Movimentos** Saldo a depreciar Aquisições Bens depreciados Inventário	Posição valorizada Baixas Bens deprec. por % Aquis. por transfer.	Resumo por conta Razão Lcto. centro custo Ampliações	Adiantamentos Movimentos Lcto. item contábil	Transferências Correc. monetária Lto classe valor
	Específicos _cadastro de ativos _bens sem localização	_relação de ativos _movimentação Nf	_termo de responsab.	_valores dos ativos	_valores por c. custo

SIGEST | EMPRESA BRASILEIRA MODELO S.A. | Usuário | Data | Acesso ao Sistema | Indicador de segurança

4.3 APLICATIVOS

Há muitos aplicativos conhecidos no mercado cujos módulos são bastante utilizados. Em grande parte, esses módulos estão diretamente vinculados à contabilidade gerencial.

Os módulos mais utilizados nas empresas são os seguintes:

- Ativo Imobilizado.
- Cobrança.
- Compras.
- Contabilidade Gerencial.
- Contas a Pagar/Financeiro.
- Contas a Receber/Financeiro.
- Custos e Controle de Produção.
- Estoque.
- Faturamento/Vendas.
- Folha de Pagamento e Gestão de Pessoas.
- Gestão Eletrônica de Documentos.
- Livros Fiscais.
- Medicina e Segurança no Trabalho.
- Ponto Eletrônico.
- Tesouraria/Financeiro.

A implantação dos módulos pode ser de forma simultânea, se houver um plano de implantação geral na empresa. Todavia, é muito difícil implantar todos os módulos concomitantemente em espaço curto de tempo. Além disso, cada empresa tem peculiaridades diferentes e essas peculiaridades precisam ser bem avaliadas para que não haja embaraços no momento de fazer uso dos aplicativos.

4.4 GESTÃO DE USUÁRIOS DO SISTEMA

Um dos pontos mais críticos para o êxito na utilização e bom gerenciamento dos sistemas integrados é a gestão de usuários. Definir adequadamente o perfil de cada um é tarefa de grande responsabilidade, pois são eles que fazem o sistema funcionar. Os usuários são os principais operadores das informações, além de gerar os relatórios e fazer a conferência dos registros efetuados.

Não há sistema que funcione bem se não houver bons usuários atuando nas áreas que utilizam esse sistema. O suporte técnico também é muito importante, mas, invariavelmente, os desenvolvedores têm equipes bem treinadas para prestar a assistência necessária.

O acesso ao sistema requer cuidados especiais que devem ser observados quando do cadastramento dos usuários. Os sistemas oferecem muitos recursos para definição do perfil deles.

O formato mais utilizado de controle de usuários passa por três etapas importantes: identificação, acesso e prazo de utilização do sistema.

A identificação deve proporcionar todas as informações possíveis sobre quem vai utilizar o sistema. É possível que pessoas não vinculadas à empresa façam uso do sistema e, nesses casos, o controle de acesso deve ser mais criterioso ainda.

O acesso deve ser permitido mediante identificação e senha, com definição de restrições para cada perfil de usuário. Os sistemas permitem que se dê acesso a um usuário para os mais variados fins. Alguém que só precisa gerar relatórios, por exemplo, não precisa ter acesso ao conteúdo de atualizações e configurações.

As empresas devem estabelecer hierarquia de acesso ao sistema de acordo com o nível de responsabilidade de cada funcionário. Os níveis de acesso mais amplo devem estar vinculados aos empregados com poder de decisão. Geralmente os Diretores, Gerentes, Supervisores, Auditores, Analistas e Assessores, entre outros, possuem amplo acesso aos sistemas integrados.

O controle-padrão de acesso aos sistemas passa pelas seguintes etapas:

Informações sobre o usuário

O administrador do sistema deve incluir todas as informações sobre o usuário, mesmo quando se tratar de pessoas não vinculadas à empresa. É o caso, por exemplo, dos auditores externos que necessitam acessar as informações de determinado módulo do sistema. Eles requisitam uma senha provisória, com data de validade e exclusiva para consultar informações e emitir relatórios.

Os dados de cadastro do usuário compreendem:

Nome completo;

Número de cadastro na empresa;

Área de vinculação;

Cargo/função;

Empresa (se terceirizada);

CPF/Identidade;

***E-mail*;**

Data-limite para acesso.

Permissões e Restrições de Acesso aos Módulos do Sistema

É importante estabelecer controle sistemático para acessar os aplicativos da empresa. O gestor do sistema deve monitorar o nível de acesso, atribuindo o maior nível para o mais alto grau de responsabilidade. Os sistemas oferecem várias opções para definir o perfil de cada usuário. Em alguns casos, o acesso é indicado (visualizado) no próprio módulo de abertura do sistema. Assim, um usuário do módulo estoque pode, por exemplo, ter restrição para incluir novos produtos. Esse procedimento é definido na configuração do perfil de cada usuário do aplicativo que é instalado em rede e acessado por cada área. Ao iniciar o aplicativo, o usuário já visualiza os módulos que estão disponíveis para acesso e as funções que podem ser utilizadas. As configurações de cada módulo são feitas a partir da orientação do superior imediato (geralmente em nível gerencial).

O quadro a seguir ilustra as formas de acesso dos usuários de um sistema integrado.

MÓDULO DO SISTEMA (por ordem alfabética)	Acesso aos Módulos		
	Pleno	Restrito	Eventual
Ativo Imobilizado			
Cobrança			
Compras			
Contabilidade Gerencial			
Contas a Pagar			
Contas a Receber			
Custos e Controle de Produção			
Estoque			
Faturamento			
Folha de Pagamento			
Gestão de Documentos			
Livros Fiscais			
Medicina e Segurança no Trabalho			
Ponto Eletrônico			
Tesouraria			

Permissões

Definem o nível de acesso que deve ser permitido em função da hierarquia e do cargo que cada colaborador exerce. O usuário deve ter acesso tão somente aos módulos que ele utiliza efetivamente. Isso não impede que eventualmente ele possa ter seu perfil alterado, permitindo novos acessos. As permissões devem ser vinculadas ao módulo que cada usuário vai utilizar.

Para definir o perfil do usuário, os administradores de rede da empresa precisam apresentar todas as opções do aplicativo, visando dar conhecimento ao usuário daquilo que ele poderá necessitar durante o desempenho de suas atividades.

A título de ilustração, apresento a seguir algumas ações e como se define o perfil do usuário que pode praticar essas ações.

Ação a ser praticada	Nível	Autorização	Restrição	*Status* atual
Abrir e fechar caixa				
Acessar tabela de preços				
Alterar orçamento aprovado				
Alterar cadastro de bem do ativo fixo				
Alterar cadastro de produtos				
Alterar cadastro de cliente				
Alterar contratos				
Alterar cotação de moedas				
Alterar data-base do sistema				
Alterar nota fiscal NF-e				
Alterar pedidos de compras				
Alterar pedidos de venda				
Alterar plano de contas contábil				
Alterar rotina de pagamento				
Alterar rotina de recebimento				
Alterar solicitação de compras				
Alterar tabelas				
Alterar TES				
Analisar cotações				
Baixar solicitações				
Bloquear calendário contábil				
Cadastrar moeda na abertura				
Cadastrar produtos				
Cancelar venda TEF				
Consultar documentos obsoletos				
Consultar documentos vencidos				
Consultar posição de cliente				
Emitir NF-e				
Emitir pedido de compra				

Ação a ser praticada	Nível	Autorização	Restrição	*Status* atual
Emitir relatório contábil				
Encerrar contas de resultado				
Excluir bem do ativo imobilizado				
Excluir contratos				
Excluir cotação de moedas				
Excluir pedido de compra				
Excluir pedido de venda				
Excluir produtos				
Excluir registro				
Excluir relatório				
Excluir tabelas				
Excluir TES				
Fechar período mensal				
Formar preço de venda				
Gerar borderô de pagamento				
Gerar inventário				
Gerar relatório de bancos				
Gerar relatório de ficha cadastral				
Gerar relatório em disco local				
Imprimir documentos cancelados				
Imprimir documentos obsoletos				
Imprimir documentos vencidos				
Incluir bem do ativo imobilizado				
Incluir cadastro de cliente				
Incluir cadastro de fornecedor				
Incluir contrato				
Incluir cotação de moedas				
Incluir solicitação de compras				
Incluir tabelas				
Inventário				

Ação a ser praticada	Nível	Autorização	Restrição	*Status* atual
Liberar despesa para faturamento				
Liberar movimento de caixa				
Liberar nota de venda a prazo				
Liberar pedido de venda (estoque)				
Liberar pedido de venda a prazo				
Liberar taxa de juros				
Reativar documentos cancelados				
Receber e enviar relatório por *e-mail*				
Revisar orçamento aprovado				
Transferir pendências				
Trocar mercadorias				

Níveis: Gerencial (5); Supervisor (4); Usuário pleno (3); Usuário intermediário (2); Usuário iniciante (1)

A indicação do nível é definida de acordo com a atividade a ser desenvolvida e a capacitação do colaborador. A autorização e a restrição é a formalização que o administrador do sistema precisa ter para habilitar o usuário em determinadas funções ou restringir seu acesso a outras. O *status* do usuário é o indicativo de como ele está em relação ao uso do sistema ou de um aplicativo específico.

4.5 MUDANÇA DE PROCEDIMENTOS

A partir da utilização dos sistemas integrados vários procedimentos convencionais foram modificados. Essas mudanças refletem o grau de sofisticação que os sistemas alcançaram, permitindo um enorme ganho de tempo para a realização das atividades.

As principais mudanças foram as seguintes:

Contabilidade Fiscal

Procedimentos convencionais:

- Transcrição (escrituração) das notas fiscais de entradas e saídas nos livros fiscais.
- Cálculo e conferência do valor dos impostos devidos.

- Preenchimento (manual ou mecanizado) das guias de recolhimento dos impostos devidos.
- Transcrição do inventário de balanço no Livro de Registro de Inventário.

Procedimentos a partir do ERP:

- A nota pode ser escriturada quando do seu lançamento em qualquer outra área (faturamento ou almoxarifado, por exemplo), desde que haja a integração dos sistemas.
- O cálculo dos impostos é efetuado pelo sistema.
- As guias são geradas e emitidas pelo sistema.
- A escrituração do Livro de Registro de Inventário é feita pelo sistema.

Algumas atividades que os bons aplicativos da área fiscal podem desenvolver:

- Escriturar eletronicamente os livros fiscais.
- Calcular os impostos no ato da emissão da nota fiscal.
- Emitir as guias de recolhimento.
- Gerar relatórios de acompanhamento.
- Cadastrar todos os impostos e suas respectivas alíquotas.
- Definir alíquotas diferenciadas por natureza de operação.
- Controlar o vencimento dos impostos.
- Atualizar os impostos, calculando multas, juros e correção, se houver, nos casos de pagamentos após o vencimento.
- Integrar as informações à contabilidade e aos livros fiscais.
- Integrar as informações aos bancos.

Folha de pagamento

Procedimentos convencionais:

- Conferência do cartão de ponto.
- Apontamento das horas trabalhadas.
- Efetuar os cálculos dos valores de cada empregado.
- Elaborar a folha de pagamento.
- Elaborar as guias de contribuições.

- Calcular os descontos e as retenções diversas.

Procedimento a partir do ERP:

- Registro do ponto com impressão digital.
- Cálculos dos valores de cada empregado efetuado pelo sistema, com respectivo lançamento na folha de pagamento.
- Todos os cálculos da folha com reflexo na contabilidade são feitos pelo sistema.
- Visualização prévia da folha na tela antes da conclusão dos trabalhos para eventuais correções.
- Relatórios gerenciais variados.

Algumas atividades que os bons aplicativos da área trabalhista podem efetuar:

- Gerar os recibos e a folha de pagamento.
- Gerar relatórios de descontos e retenções.
- Gerar relatórios de consignações bancárias.
- Gerar guias de contribuições.
- Gerar a RAIS e DCTF.
- Informar os dados de cada empregado cadastrado (ficha do empregado).
- Informar a rotatividade de pessoal.
- Informar os dados de cada empregado para benefícios.
- Alocar as despesas da folha por centro de custo.
- Integrar as informações à contabilidade.

Contabilidade Gerencial

Procedimentos convencionais:

- Elaborar planilhas dos documentos para escrituração.
- Manter fichários e livros de escrituração.
- Elaborar balancetes.
- Encerrar contas de resultado.
- Elaborar as demonstrações financeiras.
- Reabrir os períodos com saldos de balanços etc.

Procedimentos a partir do ERP:

- Lançamentos de documentos de forma simultânea, por vários usuários (sistemas multiusuários), mediante integração entre a contabilidade e as outras áreas.
- Balancetes preparados e emitidos pelos sistemas.
- Encerramento automático das contas de resultado.
- Elaboração das demonstrações financeiras do exercício.
- Zerar de forma automática as contas de determinado exercício.

Algumas atividades que os bons aplicativos de contabilidade permitem realizar:

- Gerar termos de abertura e encerramento do Livro Diário.
- Analisar as contas e comparar saldos entre datas específicas, indicando variação de porcentagem positiva ou negativa.
- Gerar gráficos variados.
- Trabalhar com mais de um período em aberto.
- Bloquear acesso de usuários não credenciados para determinadas transações ou operações.
- Consultar o plano de contas *on-line* (diretamente na tela).
- Cadastrar históricos padronizados.
- Cadastrar lançamentos padronizados.
- Corrigir automaticamente os saldos das contas sujeitas a correção, se a legislação assim determinar.
- Acessar *online* a calculadora do sistema.
- Encerrar as contas de resultados mediante rotina específica.
- Converter os valores constantes no balancete, em moedas diversas ou índices específicos.
- Enviar ou receber informações de áreas interessadas, desde que interligadas aos sistemas utilizados por cada uma delas.
- Fazer projeção de resultados, através de relatórios financeiros e com base nos registros disponíveis etc.
- Gerar arquivo para envio do SPED.

É bom observar que alguns aplicativos de contabilidade buscam atender todas as necessidades dos usuários, colocando à disposição deles muitas rotinas, e permitindo a criação de relatórios gerenciais específicos, através de editor de texto e gerador de relatórios em planilhas eletrônicas conjugadas ao sistema.

Os melhores aplicativos permitem, ainda, que se trabalhe com dois, três ou até cinco anos em aberto, ou seja, facultam que se faça a atualização de uma contabilidade atrasada em dois anos ou mais exercícios e que a implantação seja retroativa aos exercícios anteriores, mesmo que a contabilização já tenha sido feita em outro sistema, precisando, contudo, que os dados sejam consistentes. Isso possibilita gerar os relatórios desejados e gerenciar as informações a partir do ano da implantação do sistema.

É oportuno lembrar que os bancos, bem como as outras instituições financeiras, foram, ao longo do tempo, os mais beneficiados pela tecnologia da informação. A automação dos caixas, a movimentação das contas com cartão magnético, a obtenção de relatórios (extratos, saldos das contas e das aplicações etc.) tornaram a contabilidade bancária mais dinâmica, permitindo que a cada momento seja processada uma nova informação sobre seus clientes, suas transações com o banco e tudo que for necessário para a obtenção de respostas imediatas.

Sistemas de Custos

Procedimentos convencionais:

- Rateio manual dos gastos por centro de custos.
- Dificuldades de análise dos gastos rateados por centro de custos.
- Apuração dos custos feita fora da contabilidade.

Procedimentos a partir do ERP:

- Rateio automático dos custos por centro de apropriação.
- Facilidades para análise dos custos rateados.
- Custo integrado à contabilidade.

Algumas atividades que os bons aplicativos da área de custos podem praticar:

- Apurar os custos de produtos.
- Gerar relatórios por centros de custos.
- Apurar resultados por produtos.
- Integrar as informações à contabilidade.
- Calcular preço de venda a partir dos custos apurados.

- Gerar gráficos de evolução de custos.

Controle de Estoques

Procedimentos convencionais:

- Uso de fichas para anotações.
- Controle paralelo das informações.
- Dificuldades para apuração de giro.
- Dificuldades para elaboração de relatórios gerenciais.

Procedimentos a partir do ERP:

- Eliminação das fichas de anotações.
- Informações integradas às áreas envolvidas.
- Facilidade para apurar informações gerenciais como giro de estoque máximo e mínimo, custo das saídas etc.

Algumas atividades que os bons aplicativos da área de controle de estoque podem efetuar:

- Gerar relatórios de entradas e saídas de mercadorias.
- Controlar as entradas e saídas por centros de custos e filiais.
- Gerar o inventário mensal ou anual.
- Controlar o estoque máximo, médio ou mínimo.
- Destacar os impostos por natureza.
- Identificar o produto ou a mercadoria por fonte de fornecimento.

Controle do Imobilizado

Procedimentos convencionais:

- Dificuldades no cálculo das depreciações e correções.
- Preenchimento de fichas para cada bem novo.
- Ausência de relatórios gerenciais.

Procedimentos a partir do ERP:

- Facilidade de controle físico e financeiro dos bens.

- Relatórios de localização dos bens.
- Correção e depreciação automática dos bens.
- Menos possibilidade de erros de cálculos.

Contas a Pagar e a Receber

Procedimentos convencionais:

- Controle em fichas individuais de cada cliente.
- Dificuldades na obtenção de informações em tempo real.
- Ausência de relatórios gerenciais.

Procedimentos a partir do ERP:

- Geração de relatórios gerenciais integrados.
- Facilidade para obtenção de informações.
- Facilidade de conciliação com a contabilidade.
- Atualização integrada com bancos.

Faturamento

Procedimentos convencionais:

- Emissão manual de notas.
- Repetição de lançamentos na contabilidade.
- Falta de relatórios gerenciais.
- Maior incidência de erros de cálculos.

Procedimentos a partir do ERP:

- Facilidade na emissão de faturas ou notas fiscais.
- Geração de relatórios diversos.
- Controle do faturamento por região, cidade ou filial.

Existe uma variedade muito grande de aplicativos no mercado. Os mais recomendados são os que estejam sendo utilizados por empresas do mesmo ramo de atividade e que tenham recomendação dos usuários com mais experiência de uso.

4.6 INTEGRAÇÃO DOS MÓDULOS DO SISTEMA

Essa é uma das etapas mais importantes da informatização de uma empresa, que recorre a tal mecanismo para resolver problemas relacionados ao fluxo de papéis e à dinâmica da informação.

A integração dos sistemas permite que uma transação seja registrada simultaneamente em várias áreas, alimentando relatórios e tornando as informações disponíveis.

Nos sistemas convencionais, essas informações precisam ser alimentadas em cada área que por elas tem interesse, de forma geralmente gradativa, gerando, muitas vezes, conflitos de interesses e prioridades. Aumenta, também, a possibilidade de erros de anotações, quando um documento é processado ou lançado várias vezes, em áreas diferentes, por diferentes pessoas.

Essa repetição de anotações leva, inevitavelmente, a uma necessidade maior de conciliação das contas movimentadas na contabilidade, em comparação com os registros das outras áreas.

Muitas transações praticadas nessas áreas vão ser escrituradas ou registradas na contabilidade, com chances de erros ou anotações diferentes, muito embora o documento ou fonte de informação seja a mesma.

Quando a empresa compra um bem (veículo, por exemplo), muitas áreas se interessam pela informação:

- A tesouraria, que precisa elaborar o fluxo de caixa ou preparar o pagamento.
- O módulo Contas a Pagar, que precisa registrar a obrigação, se tiver sido uma compra a prazo.
- A área de Transporte, para adotar as providências relacionadas com o emplacamento, seguro, revisão etc.
- O Controle do Imobilizado, para proceder às anotações relacionadas com o tombamento ou cadastramento do bem, acompanhamento de sua vida útil etc.
- A contabilidade, para registrar o fato formalmente na empresa, fazendo o lançamento nas contas envolvidas.

Observa-se que muitos desses registros são informais ou auxiliares, mas mesmo assim o documento da compra do bem (Nota Fiscal, no caso) precisou percorrer um longo caminho até alcançar todas as áreas interessadas pela informação.

Nos sistemas integrados, esse percurso é mais curto e mais rápido, porque as informações fluem, simultaneamente, para as diversas áreas interessadas, via computador.

Veja algumas das vantagens e desvantagens da integração dos sistemas, entre as diversas áreas interessadas pela informação:

Algumas vantagens:

- Pode eliminar ou diminuir o fluxo de papéis que circulam na empresa e, consequentemente, o acúmulo destes na contabilidade.
- Registra os fatos na área que for a primeira a receber o documento, alimentando as informações para as demais áreas interessadas.
- Evita erros decorrentes da repetição de lançamentos de um mesmo documento em diversas áreas.
- Diminui a necessidade de conciliação na contabilidade, com relação aos relatórios produzidos nas diversas áreas.
- Evita que o documento fique exposto ou circule demais, protegendo as informações nele contidas.
- Se a empresa estiver interligada em Rede, torna disponível a informação em qualquer terminal ou ponto da rede, permitindo que usuários credenciados tenham acesso imediato à informação.

Algumas desvantagens:

- Dificulta a identificação de um eventual erro, quando do registro do documento na área que processar a informação, inicialmente.
- Dificulta a conferência do lançamento pelo documento, que deixa de circular pelas áreas interessadas na informação.
- Torna a contabilidade e outras áreas vulneráveis aos erros que possam ocorrer nas áreas que processaram a informação.
- Exige mais cuidado por parte de quem lança o documento na área de origem, assim como um mínimo de conhecimento de classificação de contas ou noções de contabilidade.
- Se considerarmos que não é possível ter em todas as áreas da empresa profissionais com formação ou perfil de contabilista, a opção mais favorável pode ser a inversão do fluxo, fazendo com que o documento seja lançado primeiro na contabilidade, ficando disponível, imediatamente, para as outras áreas envolvidas ou interessadas. Algumas transações, no entanto, exigem que o lançamento inicial aconteça na área específica,

como é, por exemplo, o caso da saída de materiais do Almoxarifado ou de um pagamento efetuado pela Tesouraria.

- É importante lembrar que, para a obtenção de êxito na integração dos sistemas com a contabilidade, não basta dispor de equipamentos e aplicativos. É preciso um trabalho de integração, também, entre os usuários envolvidos, de forma que todos obtenham os resultados esperados, sem prejuízo da consistência da informação.
- Seria um risco muito grande fazer uma integração de sistemas sem antes planejar, adequadamente, o fluxo de papéis, o acesso aos equipamentos, a estruturação do plano de contas etc.
- Um possível erro na fonte da informação pode afetar todas as outras áreas envolvidas. As dificuldades para se descobrir problemas dessa natureza são enormes e, dependendo do caso, poderão passar por despercebidos completamente. É o caso, por exemplo, de uma despesa industrial ser lançada numa conta de despesa administrativa. Somente uma análise minuciosa das contas de resultado poderia identificar tal equívoco.
- O controle dos lançamentos deve ser muito rigoroso, com identificação do usuário e de senha de quem utilizou o equipamento, data e horário do lançamento, as contas envolvidas na operação, número ou nome do documento de origem etc.
- Os bons aplicativos já cuidam disso, satisfatoriamente, quando do cadastramento e habilitação dos usuários, definindo quem deve ter permissão para acessar determinados arquivos ou efetuar certos lançamentos.

Aspectos críticos da integração

Do ponto de vista operacional do dia a dia das empresas, não haverá somente vantagens com o uso da informática na contabilidade e demais áreas. Muitos problemas surgirão a cada momento, com características, dimensões e demandas de soluções diferentes.

Por ser um processo irreversível, a implantação de sistemas integrados de controles internos em uma empresa será para sempre, e os eventuais problemas terão de ser administrados de forma permanente.

Um dos maiores desafios de muitas empresas tem sido a dependência dos fornecedores dos aplicativos. Geralmente esses fornecedores celebram um contrato de manutenção dos sistemas que no longo prazo oneram consideravelmente a empresa.

Mas a falta de um contrato de manutenção pode gerar outro problema: se o aplicativo necessitar de alguma atualização ou adaptação, somente seu fornecedor poderá fazê-la. A instituição do SPED, por exemplo, gerou muita confusão no mercado de aplicativos. Algumas empresas praticamente tiveram que adaptar seus sistemas a essa nova realidade porque não tinham previsto essa demanda quando desenvolveram seus aplicativos.

O **eSocial** também tem refletido em dificuldades para muitas empresas que vão necessitar de novas adequações operacionais na área de recursos humanos.

No futuro próximo as empresas estarão completamente envolvidas com uma série de exigências fiscais, sociais e trabalhistas que somente poderão ser atendidas mediante a utilização de sistemas integrados de informações gerenciais.

Questões avaliativas

1. Considere a possibilidade de uma empresa de grande porte não dispor de um sistema integrado de controles internos e comente sobre as possíveis dificuldades que poderão surgir no dia a dia dessa empresa.

2. Apresente um plano de trabalho para a implantação de um sistema de contabilidade gerencial, admitindo a hipótese de no futuro a empresa operar com vários módulos de controles internos que serão integrados à Contabilidade.

3. Identifique e relacione os principais obstáculos que surgem durante a utilização de um sistema integrado de controle interno.

4. Quais os módulos de um sistema integrado que devem necessariamente estar integrados à Contabilidade?

5. Relacione os principais benefícios que um sistema integrado proporciona a uma empresa comercial.

Capítulo 5

SISTEMA PÚBLICO DE ESCRITURAÇÃO DIGITAL – SPED

Termos utilizados neste capítulo

Cadastro: registro prévio de algo que será utilizado em determinado momento. Os cadastros são efetuados em sistemas próprios e podem abranger as mais variadas informações.

Digital: baseado em dígitos, dados numéricos.

***Download*:** baixa de um arquivo a partir de uma plataforma específica.

Monitoramento: acompanhamento sistemático por meio de tecnologia ou de outra forma de obtenção da informação. A centralização da informação em um banco de dados específico é a principal característica desse modelo de acompanhamento.

Nota Fiscal Eletrônica (NF-e): nota emitida por intermédio da Internet, utilizando a base de dados do órgão de arrecadação.

Tecnologia da Informação (TI): conjunto de novas tecnologias administrativas e operacionais que se utiliza em uma empresa ou qualquer instituição. A finalidade principal dessas novas tecnologias é garantir a melhoria contínua dos processos e facilitar o acompanhamento e controle interno.

Validador: programa específico para instalação de um aplicativo que vai precisar validar as informações transmitidas. A Receita Federal do Brasil é o órgão com maior número de aplicativos dessa natureza.

5.1 INSTITUIÇÃO DO SPED

O avanço da Tecnologia da Informação (TI), em especial a utilização da Internet, e o aumento significativo das transações comerciais e financeiras, em decorrência do crescimento das atividades econômicas do país nos últimos 20 anos, levaram o governo federal à decisão de criar um sistema de monitoramento de informações que possibilitasse o controle sistemático dos dados e registros gerados pelas grandes empresas e demais entidades.

Em 2007, através do Decreto nº 6.022, publicado no *Diário Oficial da União* do dia 22 de janeiro de 2007, foi oficialmente instituído o Sistema Público de Escrituração Digital – SPED. Esse sistema representa, do ponto de vista da informação, um grande avanço na relação entre o fisco e os contribuintes. É também uma mudança de conceito, haja vista que o fluxo de papéis passou a ser substituído pelo fluxo de dados, enviados eletronicamente para os órgãos de controle. As mudanças alcançam todas as esferas de governo: federal, distrital, estadual e municipal.

ATOS DE INSTITUIÇÃO E DE ALTERAÇÃO DO SPED

Denominação	Número	Institui (I) Altera (A)	Data de publicação	Início da vigência
Decreto	6.022	I	22/01/2007	22/01/2008
Decreto	7.979	A	08/04/2013	08/04/2013

A essência do Sistema Público de Escrituração Digital – SPED é dar conhecimento aos poderes públicos de informações detalhadas sobre empresas e demais instituições, haja vista que os dados são enviados em forma de arquivos eletrônicos. Esses arquivos contêm muitos dados que antes só poderiam ser verificados por meio de visita ao local da empresa ou em seu escritório de contabilidade. Era necessário também o manuseio da documentação física. Esse procedimento, do ponto de vista prático, tornava a fiscalização muito difícil e pouco eficaz. O SPED representa, ao mesmo tempo, do ponto de vista da informação, um grande avanço tecnológico e visa facilitar as atividades das Juntas Comerciais, Secretarias de Fazenda Estadual e Municipal, Receita Federal do Brasil, Banco Central do Brasil e outros órgãos.

5.2 OBJETIVOS DO SPED

O principal objetivo do SPED, do ponto de vista da ação governamental, através de seus órgãos de administração tributária, é evitar a sonegação de impostos e ao mesmo tempo dispor de muitas informações importantes em seus bancos de dados. A integração entre estas áreas de governo, no que se refere ao fluxo de informações, viabiliza um controle mais eficiente para a arrecadação de tributos. Essa integração iniciou-se por meio de protocolos de cooperação com empresas do setor privado e parcerias com várias instituições, entre órgãos públicos, conselhos de classe, associações e outras entidades civis.

O SPED visa também o aprimoramento da relação fisco-empresa, bem como a possibilidade de melhoria dos controles internos e do cumprimento de obrigações acessórias por parte dos contribuintes, com grande melhoria também da gestão tributária governamental.

O combate à sonegação e o aumento da arrecadação, como consequência do aprimoramento dos meios de controles do fisco, será o principal efeito positivo para o governo. Isso poderá resultar em benefícios para as empresas que pagam seus tributos regularmente, pois poderá haver redução da carga tributária em virtude do aumento da arrecadação.

Além dos aspectos tributários o governo prevê também viabilizar um controle específico sobre as atividades sociais das empresas e demais entidades, a partir da implantação definitiva do **e**Social. Esse projeto é um importante instrumento de unificação de dados referentes às obrigações fiscais, previdenciárias e trabalhistas. O **e**Social vai compartilhar informações com o Ministério do Trabalho e Emprego (MTE), Ministério da Previdência Social (MPS), Secretaria da Receita Federal do Brasil (RFB), Instituto Nacional do Seguro Social (INSS) e Conselho Curador do FGTS, representado pela Caixa Econômica Federal, que é o agente operado do FGTS.

O Manual de Orientação do **e**Social teve sua versão 1.1 aprovada e divulgada em janeiro de 2014. A princípio, as empresas identificaram muitas dificuldades operacionais para atender as exigências do governo no atendimento ao projeto, mas o cumprimento das obrigações vai proporcionar grandes benefícios para os empregadores e também para os trabalhadores em geral, porque é um projeto de grande abrangência social.

O **e**Social tem como objetivos, principalmente, os seguintes benefícios:

- possibilitar mais controle sobre os direitos previdenciários e trabalhistas dos trabalhadores;
- facilitar o envio de informações mediante a utilização da rede mundial de computadores (Internet);
- constituir um banco de dados com informações confiáveis sobre as relações entre empregados e empregadores, incluindo os mais variados eventos que possam ocorrer durante a relação de trabalho;

- transferir para o governo a responsabilidade pela gestão dos dados informados por meio da escrituração eletrônica, transformando as informações em uma única base de dados.

Observe-se que o **eSocial** é uma forma de registro de formulários eletrônicos, onde serão anotados os eventos que geram direitos e obrigações trabalhistas, previdenciárias e fiscais. O projeto vai substituir uma série de registros em livros e fichas utilizadas pelos empregadores e representa um grande passo para simplificar a vida dos trabalhadores, haja vista que no futuro eles terão como obter informações detalhadas sobre suas relações de trabalho, mesmo que eles atuem em várias empresas por períodos distintos.

5.3 PROJETOS DO SPED

A escrituração digital, que integra o universo de atuação do SPED, tem aumentado muito desde a concepção inicial do projeto. Até o fechamento desta edição já estavam definidos vários procedimentos de acompanhamento e controle de informações. O **e**Social é o mais relevante de todos, do ponto de vista dos benefícios que o projeto trará para os trabalhadores e empregadores.

A relação a seguir (por ordem alfabética) identifica os projetos do SPED que já foram concebidos. O universo de atuação é muito abrangente e contempla praticamente todas as atividades econômicas. Alguns desses projetos ainda não tinham sido totalmente implantados até o fechamento desta edição, a exemplo dos projetos Central de Balanços, Cupom Fiscal Eletrônico (CF-e) e o Sistema de Escrituração Fiscal Digital (eSocial).

- Conhecimento de Transporte Eletrônico – CT-e.
- Central de Balanço.
- Controle Fiscal Contábil de Transição – FCONT.
- Cupom Fiscal Eletrônico – CF-e.
- Escrituração Contábil Digital – ECD.
- Escrituração Fiscal Digital – EFD.
- Escrituração Fiscal Digital Social (**e**Social).
- Escrituração Fiscal Digital/Contribuições – EFD Contribuições.
- Escrituração Fiscal Digital/ICMS/PIS – EFD ICMS/IPI.
- Escrituração Fiscal Digital EFD – IRPJ.
- Nota Fiscal Eletrônica – NF-e.

Os projetos estão sendo implantados levando-se em consideração cada tipo de empresa, e observando-se o seu enquadramento tributário. A expectativa é que todas as empresas deverão participar ou integrar o SPED em um futuro próximo. Isso permitirá ao governo um controle sistemático das atividades empresariais e possibilitará melhor acompanhamento sobre os aspectos tributários.

As exigências de adesão ao sistema já foram definidas em legislação específica e a cada momento surge um ato administrativo ou uma resolução para alterar ou então ampliar o campo de atuação do SPED.

QUADRO RESUMO DOS PROJETOS DO SPED

PROJETOS	SITUAÇÃO
Central de Balanços	Em implantação
Conhecimento de Transporte Eletrônico – CT-e	Implantado
Controle Fiscal Contábil de Transição – FCONT	Implantado
Cupom Fiscal Eletrônico – CF-e	Em implantação
Escrituração Contábil Digital – ECD	Implantado
Escrituração Fiscal Digital – EFD	Implantado
Escrituração Fiscal Digital Social (eSocial)	Em implantação
Escrituração Fiscal Digital/Contribuições – EFD Contribuições	Implantado
Escrituração Fiscal Digital/ICMS/PIS – EFD ICMS/IPI	Implantado
Escrituração Fiscal Digital EFD – IRPJ	Implantado
Nota Fiscal Eletrônica – NF-e	Implantado

As etapas de implantação de cada projeto foram distintas e variaram em função do porte da empresa e de sua forma de tributação. Foram incluídas nas etapas iniciais as grandes empresas, tributadas com base no lucro real, por representarem o maior volume de arrecadação de impostos e também por terem estrutura organizacional mais adequada para dar início a cada projeto, considerando-se inclusive o valor do investimento necessário para este fim.

5.4 ASPECTOS OPERACIONAIS DO SPED

A Receita Federal do Brasil e as Secretarias Estaduais e Municipais Fazendárias são os principais operadores do sistema. Há um portal específico que permite o acesso a todas as plataformas do SPED.

O fluxo operacional envolvendo as informações do SPED é o seguinte:

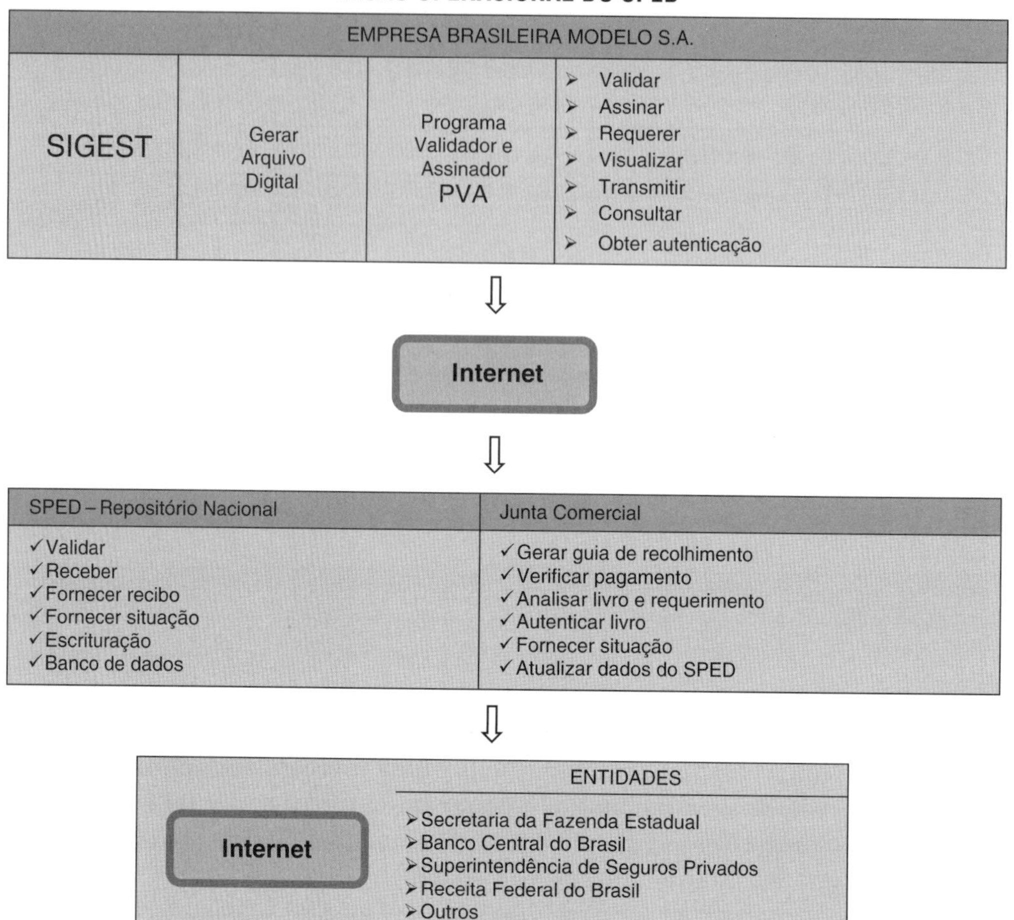

Todos os aplicativos necessários para operar o SPED estão disponíveis no *site* da Receita Federal do Brasil no endereço <http://www1.receita.fazenda.gov.br/sped/>. A partir dessa plataforma é possível baixar por *download* e instalar as ferramentas operacionais do sistema, observando as características de cada empresa.

As telas a seguir demonstram os recursos disponíveis no *site* do SPED, disponível no endereço <http://www1.receita.fazenda.gov.br/sped/>.

Tela de acesso ao SPED (acessado em 05-04-2014).

Cada projeto precisa ser instalado isoladamente a partir do *site* SPED. A instalação é possível após o *download* (baixa do arquivo) do validador disponível no ambiente dos projetos já implantados. Assim, para instalar o validador da Escrituração Contábil Digital (ECD), por exemplo, é necessário fazer o *download* do validador disponível no *site* no respectivo ambiente deste projeto.

Tela de acesso à Nota Fiscal Eletrônica NF-e

Informações disponíveis no *site* de Receita Federal do Brasil, com orientação de como baixar e instalar um programa validador.

SPED – Sistema Público de Escrituração Digital
O programa validador da **Escrituração Contábil Digital** versão Java pode ser utilizado nos sistemas operacionais abaixo, desde que obedecidas as seguintes instruções: 1) A máquina virtual Java (JVM) 1.7 ou superior, deve ser instalada. A máquina virtual Java poderá ser baixada acessando o *site* <http://www.java.com/pt_BR/download/manual.jsp>. 2) Selecione o programa de acordo com o sistema operacional, faça o *download* e o instale: A) Para Windows: SPEDContabil-3.1.3-Win32.exe B) Para Linux: SPEDContabil-3.1.3-Linux.bin Para instalar, é necessário adicionar permissão de execução, por meio do comando "chmod + x SPEDContabil-3.1.3-Linux.bin" ou "chmod + x SPEDContabil-3.1.3-Linux.bin" ou conforme o Gerenciador de Janelas utilizado.

Barra de Ferramentas

A barra de ferramentas está disposta horizontalmente logo abaixo da barra de menus e permite acessar rapidamente as seguintes funções do programa:

Validar Escrituração Contábil

Permite validar arquivos de escrituração contábil informados pelo usuário.

Assinar Escrituração Contábil

Permite assinar arquivos de escrituração contábil já validados.

Gerenciar Requerimento

Permite gerenciar (gerar, visualizar, assinar, imprimir ou excluir) Requerimentos de Autenticação de Livro Digital referentes a escriturações contábeis validadas e assinadas.

Transmitir Escrituração Contábil

Permite transmitir para o servidor do SPED Contábil escriturações contábeis validadas, assinadas e que tenham requerimento de autenticação assinado digitalmente. O programa utiliza o ***Receitanet*** para efetuar a transmissão da escrituração contábil via Internet.

Consultar Situação

Permite consultar a situação de escriturações contábeis na base de dados do servidor do SPED Contábil e obter os arquivos de termos de autenticação ou notificações de exigências/indeferimento, quando disponíveis.

Excluir Escrituração Contábil

Permite excluir escriturações contábeis da base de dados do sistema.

Gerar Cópia de Segurança

Permite gerar cópia de segurança de escriturações contábeis que constam na base de dados do sistema.

Restaurar Cópia de Segurança

Permite restaurar escriturações contábeis por meio de um arquivo de cópia de segurança gerado anteriormente pelo sistema.

Configurar Aplicação

Permite alterar os parâmetros predeterminados do sistema.

Ajuda

Permite acesso ao conteúdo do Ajuda do programa Sped Contábil.

Sair

Permite sair do programa SPED Contábil.

Tela inicial do SPED Contábil

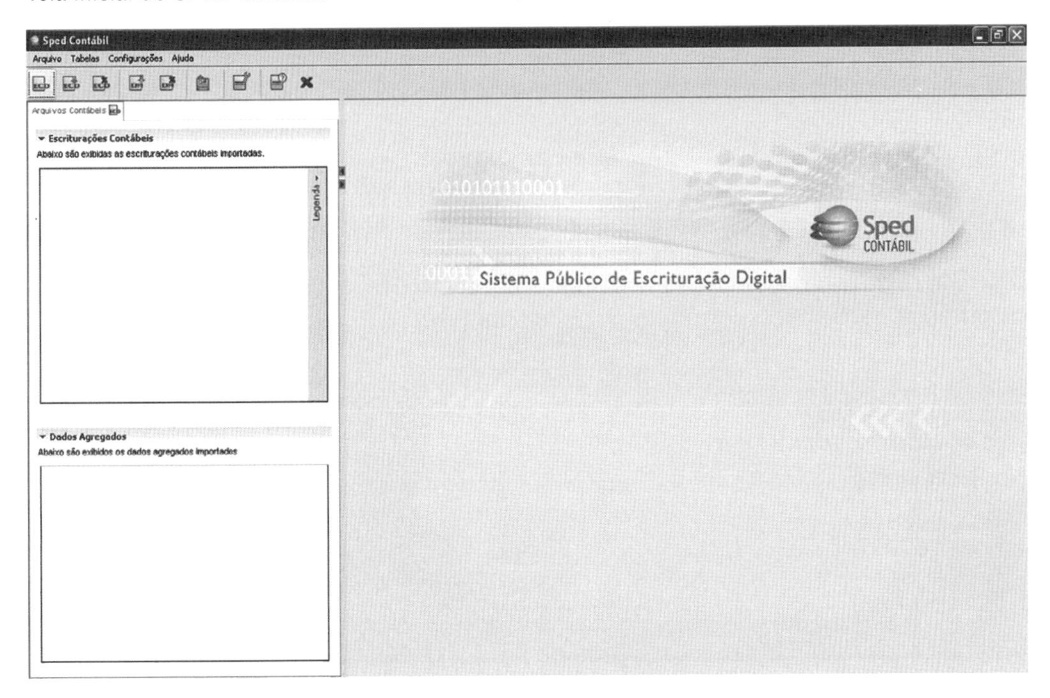

Tela de configuração do SPED Contábil

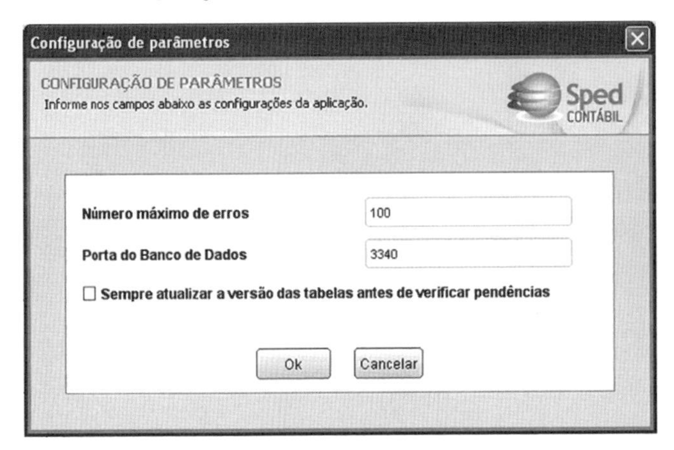

Tela de criação de escrituração

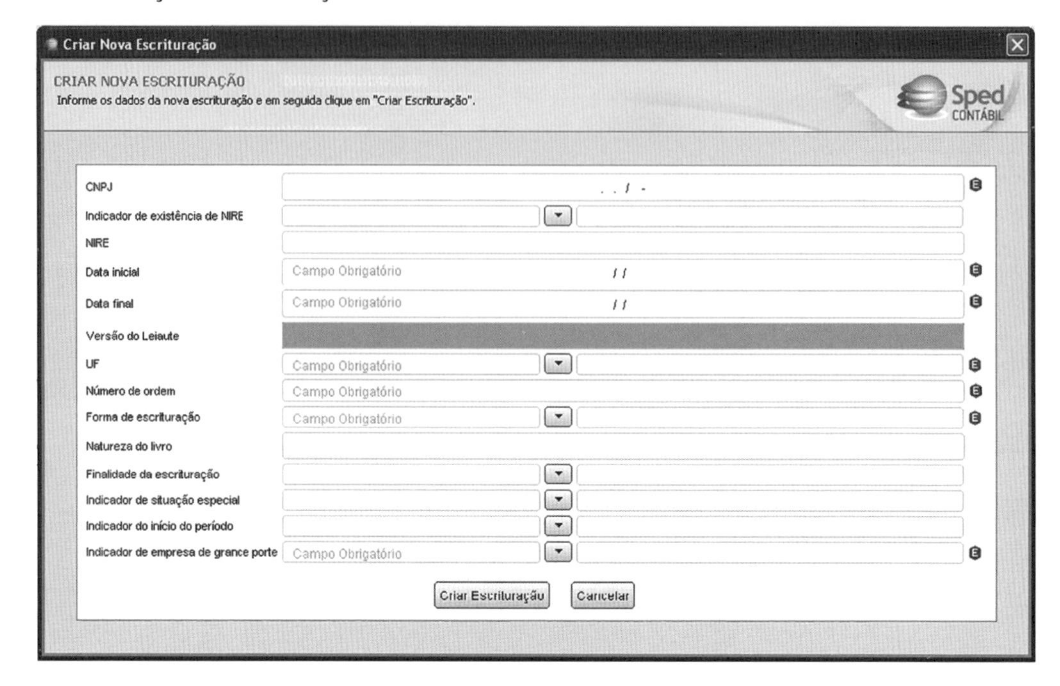

Tela de validação do arquivo SPED

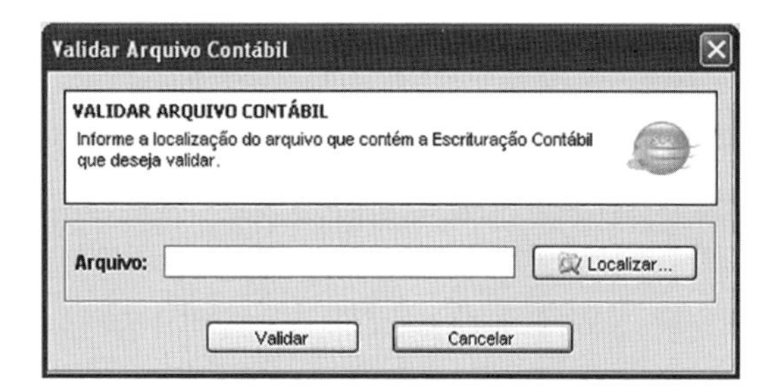

Tela de geração de arquivo do SPED Contábil

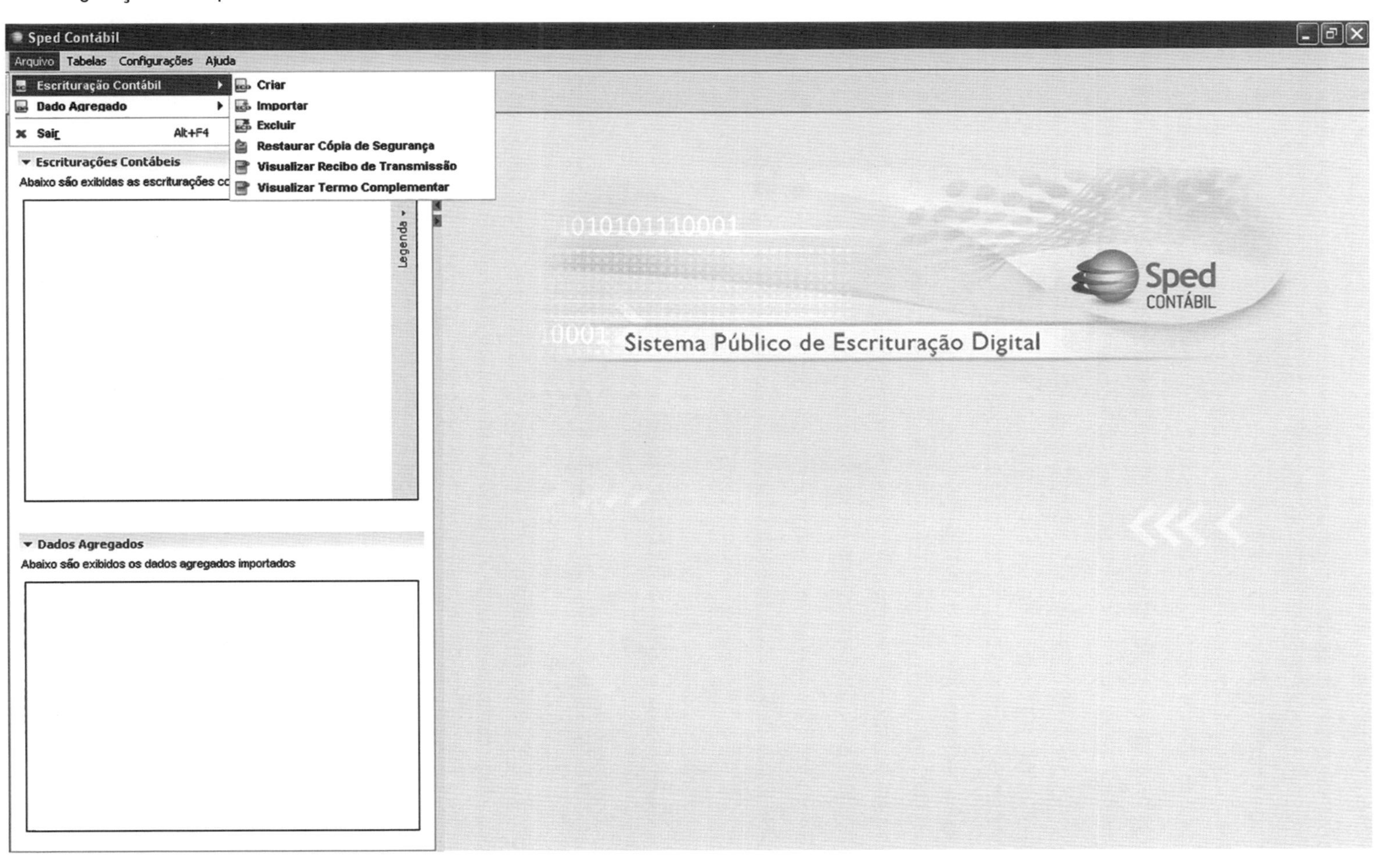

Importante observar que os arquivos são gerados a partir das informações disponíveis nos sistemas de contabilidade utilizados pela empresa. Eventuais inconsistências são tratadas na base de dados do SPED, a partir do momento em que os dados são validados. O retorno pode ser em forma de erros ou como simples advertências, da mesma maneira como ocorre com as declarações de imposto de renda e de várias outras declarações que são enviadas por meio eletrônico.

Os programas validadores verificam dados importantes dos arquivos gerados, a exemplo da validade de determinado CNPJ ou CPF eventualmente informado.

Todos os arquivos que são enviados eletronicamente só são reconhecidos se efetivamente forem validados e recebidos pelo sistema. Isto implica retorno de um documento que serve de protocolo de entrega ou recibo de entrega em alguns casos.

Até o fechamento desta edição, o **e**Social não tinha disponibilizado os recursos necessários para a implantação efetiva do projeto, tendo disponibilizado contudo o manual versão 1.1, contendo várias informações sobre eventos iniciais, eventos de tabelas, eventos periódicos e eventos não periódicos.

Recomendamos o acompanhamento das atualizações que ocorrerão no decorrer dos próximos meses, em relação a todos os projetos do SPED.

5.5 PLANO DE CONTAS REFERENCIAL

O plano de contas é um instrumento de grande utilidade para a contabilidade, principalmente para os registros efetuados na contabilidade gerencial. Também do ponto de vista tributário, para as empresas que recolhem imposto de renda da pessoa jurídica com base no lucro real, o plano de contas é muito importante. A correta classificação dos eventos que ocorrem no exercício social proporciona a geração de informações confiáveis e gerencialmente interessantes.

A essência de um plano de contas é definir com clareza a função e o funcionamento das contas, tanto patrimoniais quanto de resultados, adequando-se sempre às recomendações da legislação societária e às exigências do fisco, quando esse for o caso.

É importante observar que com a instituição do SPED, em todos os níveis, o plano de contas passou a ter uma importância maior para o fisco. Isso é justificado pelo fato de haver necessidade de clareza nos registros efetuados na contabilidade. Foi a partir dessa premissa que o Plano de Contas Referencial passou a ter grande importância quando da implantação do SPED. As diversas atividades empresariais necessitavam de planos de contas específicos, a exemplo do Plano de Contas das Instituições Financeiras. É correto afirmar que o tratamento dado aos gastos com transporte, por exemplo, em uma empresa transportadora deve ser diferente do tratamento aplicável aos mesmos gastos em uma instituição financeira.

É importante frisar que o plano de contas deve também facilitar a vida dos profissionais que atuam na contabilidade, haja vista que o mesmo deve orientar precisamente a função e o funcionamento de cada conta, com indicação correta da natureza de seu saldo e os tipos de eventos em que essas contas serão envolvidas.

Os aspectos gerenciais também são relevantes quando da definição da estrutura do elenco de contas, observando-se sempre a boa técnica e os requisitos para o registro de determinada operação. Também é importante enfatizar que quanto mais analítico for o elenco de contas, melhor será a forma de registro na contabilidade. Contas genéricas ou pouco esclarecedoras de sua função, principalmente as contas de resultado, devem ser evitadas sempre. Mesmo quando houver pouca incidência de registros no exercício social. A tecnologia está disponível para facilitar as atividades da contabilidade e incluir uma conta no elenco é tarefa relativamente simples.

Apresento a seguir a estrutura do plano de contas, com base no que já foi recomendado durante a fase inicial do SPED. A adequada utilização do plano pressupõe o conhecimento da função, funcionamento e natureza do saldo de cada conta.

Do ponto de vista didático, a disposição apresentada visa proporcionar mais conhecimento para os futuros profissionais da contabilidade.

As informações de um plano de contas devem, necessariamente, indicar com clareza:

- O código de cada conta a ser cadastrada no sistema.
- A descrição objetiva ou título da conta.
- A função operacional e o funcionamento.
- O tipo de conta.
- A natureza do saldo.

O código é um número que identifica a conta nas diversas operações que envolvem registros na Contabilidade. Esse mesmo código vai ser útil para vincular as operações de entradas e saídas de registros nos sistemas integrados. Nesse caso, utiliza-se o código das contas analíticas.

A descrição objetiva do título da conta deve identificar sua posição no elenco. Algumas contas têm descrição padrão, a exemplo da conta Caixa. As contas de resultado precisam ser de fácil identificação para facilitar os registros e a correta classificação das transações.

A função de cada conta deve ser definida conforme sua característica, evidenciando as situações em que os registros devem ser a débito e a crédito.

O tipo de conta identifica se ela é sintética ou analítica. As contas de registros são as analíticas. As sintéticas não podem ser movimentadas mediante lançamentos, pois são contas que resumem as movimentações das contas analíticas. Daí o nome de sintéticas: elas são a síntese das contas analíticas de cada grupo específico.

A natureza indica se uma conta deve ser de saldo credor ou de saldo devedor. As contas de ativo e de despesas devem ter seus saldos devedores. As exceções são as contas retificadoras (depreciação de bens, por exemplo). As contas de passivo, patrimônio líquido e de receitas têm seus saldos credores.

Importante salientar que cada empresa deve ter seu plano de contas personalizado. Assim, não é recomendável utilizar o plano de contas referencial para todas as empresas. A estrutura para o plano de contas referencial é utilizada para empresas de vários ramos de atividade, conforme se pode observar a seguir. Adequar essa estrutura para o perfil de cada empresa é uma medida essencial.

Código	Descrição / Título da Conta	Orientações	Tipo de conta
1	ATIVO	Agrupar as contas de níveis sintéticos e analíticos	S
1.01	CIRCULANTE		S
1.01.01	DISPONIBILIDADES		S
1.01.01.01.00	Caixa	Contas que registram valores em dinheiro e em cheques em caixa, recebidos e ainda não depositados, pagáveis irrestrita e imediatamente.	A
1.01.01.02.00	Bancos	Contas que registram disponibilidades, mantidas em instituições financeiras, não classificáveis em outras contas deste plano referencial.	A
1.01.01.03.00	Recursos no Exterior Decorrentes de Exportação	Contas que registram movimentação de recursos em instituições financeiras no exterior, nos termos do art. 1º da Lei nº 11.371/2006.	A
1.01.01.04.00	Contas Bancárias – Subvenções	Contas que registram disponibilidades, nas instituições imunes ou isentas, de recursos de aplicações vinculadas ao objeto das subvenções, mantidas em instituições financeiras.	A
1.01.01.05.00	Contas Bancárias – Doações	Contas que registram disponibilidades, nas instituições imunes ou isentas, de recursos de aplicações vinculadas ao objeto das doações, mantidas em instituições financeiras.	A

Código	Descrição / Título da Conta	Orientações	Tipo de conta
1.01.01.06.00	Contas Bancárias – Outros Recursos Sujeitos a Restrições	Contas que registram disponibilidades, nas instituições imunes ou isentas, de outros recursos sujeitos a restrições, mantidas em instituições financeiras.	A
1.01.01.07.00	Títulos e Valores Mobiliários	Contas que registram as aplicações em títulos e valores mobiliários, de recursos de livre movimentação, cujo vencimento ou resgate venha a ocorrer no curso do ano-calendário subsequente.	A
1.01.01.07.01	Valores Mobiliários – Mercado de Capitais Interno	Contas que registram as aplicações no mercado de capitais do Brasil, de recursos de livre movimentação, cujo vencimento ou resgate venha a ocorrer no curso do ano-calendário subsequente.	A
1.01.01.07.02	Valores Mobiliários – Mercado de Capitais Externo	Contas que registram as aplicações no mercado de capitais do exterior, de recursos de livre movimentação, cujo vencimento ou resgate venha a ocorrer no curso do ano-calendário subsequente.	A
1.01.01.08.00	Valores Mobiliários – Aplicações de Subvenções	Contas que correspondem, nas instituições imunes ou isentas, às aplicações financeiras de recursos oriundos de subvenções.	A
1.01.01.09.00	Valores Mobiliários – Aplicações de Doações	Contas que correspondem, nas instituições imunes ou isentas, às aplicações financeiras de recursos oriundos de doações.	A
1.01.01.10.00	Valores Mobiliários – Aplicações de Outros Recursos Sujeitos a Restrições	Contas que correspondem, nas instituições imunes ou isentas, às aplicações financeiras de outros recursos sujeitos a restrições.	A
1.01.01.11.00	Outras		A
1.01.03	ESTOQUES		S
1.01.03.01.00	Estoques	Contas que registram o valor do saldo das contas dos estoques de matérias-primas, materiais secundários, produtos em elaboração, produtos acabados e mercadorias para revenda, na data da apuração dos resultados. Observar, quanto aos estoques, as orientações contidas na Instrução Normativa SRF nº 51, de 1978, e no PN CST nº 6, de 1979.	A
1.01.03.01.01	Mercadorias para Revenda	Contas que registram o valor do saldo das contas de estoques de mercadorias para revenda, na data de apuração dos resultados. Observar, quanto aos estoques, as orientações contidas na Instrução Normativa SRF nº 51, de 1978, e no PN CST nº 6, de 1979.	A

Código	Descrição / Título da Conta	Orientações	Tipo de conta
1.01.03.01.02	Insumos (materiais diretos)	Contas que registram o valor do saldo das contas de estoques de matérias-primas e materiais diretos, na data de apuração dos resultados. Observar, quanto aos estoques, as orientações contidas na Instrução Normativa SRF nº 51, de 1978, e no PN CST nº 6, de 1979.	A
1.01.03.01.03	Produtos em Elaboração	Contas que registram o valor do saldo das contas de estoques de produtos em elaboração, na data de apuração dos resultados. Observar, quanto aos estoques, as orientações contidas na Instrução Normativa SRF nº 51, de 1978, e no PN CST nº 6, de 1979.	A
1.01.03.01.04	Produtos Acabados	Contas que registram o valor do saldo das contas de estoques de produtos acabados, na data de apuração dos resultados. Observar, quanto aos estoques, as orientações contidas na Instrução Normativa SRF nº 51, de 1978, e no PN CST nº 6, de 1979.	A
1.01.03.01.05	Serviços em andamento	Contas que registram o valor do saldo das contas de serviços em andamento, na data de apuração dos resultados. Observar, quanto aos estoques, as orientações contidas na Instrução Normativa SRF nº 51, de 1978, e no PN CST nº 6, de 1979.	A
1.01.03.01.06	Insumos Agropecuários	Contas que registram, nas empresas com atividade rural, o valor do saldo das contas de insumos agropecuários, na data de apuração dos resultados.	A
1.01.03.01.07	Produtos Agropecuários em Formação	Contas que registram, nas empresas com atividade rural, o valor do saldo das contas de produtos agropecuários em formação, na data de apuração dos resultados.	A
1.01.03.01.08	Produtos Agropecuários Acabados	Contas que registram, nas empresas com atividade rural, o valor do saldo das contas de estoques de produtos agropecuários acabados, na data de apuração do resultado.	A
1.01.03.02.00	Imóveis Destinados à Venda	Contas utilizadas pela pessoa jurídica que exerce atividade imobiliária para indicar o estoque de imóveis destinados à venda existente na data da apuração dos resultados. Atenção: as construções em andamento de imóveis destinados à venda devem ser incluídas na conta Construções em Andamento de Imóveis Destinados à Venda	A

Código	Descrição / Título da Conta	Orientações	Tipo de conta
1.01.03.02.01	Construções em Andamento de Imóveis Destinados à Venda	Contas utilizadas pela pessoa jurídica que exerce atividade imobiliária para indicar os imóveis em construção para futura comercialização	A
1.01.03.03.00	Estoques Destinados à Doação	Contas que registram, nas instituições imunes ou isentas, estoques destinados à doação.	A
1.01.03.04.00	Outras		A
1.01.05	CRÉDITOS		S
1.01.05.01.00	Adiantamentos a Fornecedores	Contas que registram aos adiantamentos feitos a fornecedores de matérias-primas ou mercadorias para revenda.	A
1.01.05.02.00	Clientes	Contas que registram as contas a receber com vencimento até o final do ano-calendário subsequente.	A
1.01.05.03.00	Créditos Fiscais CSLL – Diferenças Temporárias e Base de Cálculo Negativa	As companhias abertas, obrigatoriamente, devem informar, nessas contas, o valor dos créditos fiscais com realização no exercício seguinte e das diferenças temporárias, inclusive as decorrentes da base de cálculo negativa, relativos à CSLL, conforme Deliberação CVM nº 273, de 20 de agosto de 1998.	A
1.01.05.04.00	Créditos Fiscais IRPJ – Diferenças Temporárias e Prejuízos Fiscais	As companhias abertas, obrigatoriamente, devem informar, nessas contas, o valor dos créditos fiscais com realização no exercício seguinte e das diferenças temporárias, inclusive as decorrentes dos prejuízos fiscais, relativos ao IRPJ, conforme Deliberação CVM nº 273, de 20 de agosto de 1998.	A
1.01.05.05.00	Impostos e Contribuições a Recuperar	Contas correspondentes aos impostos e contribuições a recuperar no final do ano-calendário.	A
1.01.05.05.01	Imposto de Renda a Recuperar	Contas correspondentes ao Imposto de Renda a recuperar no final do período de apuração.	A
1.01.05.05.02	IPI a Recuperar	Contas correspondentes ao IPI a recuperar no final do período de apuração.	A
1.01.05.05.03	PIS e COFINS a Recuperar	Contas correspondentes ao PIS e à COFINS a recuperar no final do período de apuração.	A
1.01.05.05.04	CSLL a Recuperar	Contas correspondentes à CSLL a recuperar no final do período de apuração.	A
1.01.05.05.05	ICMS e Contribuições a Recuperar	Contas correspondentes ao ICMS a recuperar no final do período de apuração.	A
1.01.05.05.06	Tributos Municipais a Recuperar	Contas correspondentes a tributos municipais a recuperar no final do período de apuração.	A

Código	Descrição / Título da Conta	Orientações	Tipo de conta
1.01.05.05.90	Outros Impostos e Contribuições a Recuperar	Contas correspondentes a outros impostos a recuperar no final do período de apuração.	A
1.01.05.06.00	Créditos por Contribuições e Doações	Contas que registram, nas instituições imunes ou isentas, créditos por contribuições ou doações.	A
1.01.05.07.00	Outras		A
1.01.07	DESPESAS DO EXERCÍCIO SEGUINTE		S
1.01.07.01.00	Despesas do Exercício Seguinte	Contas correspondentes a pagamentos antecipados, cujos benefícios ou prestação de serviços à pessoa jurídica ocorrerão durante o exercício seguinte. São valores relativos a despesas que efetivamente pertencem ao exercício seguinte.	A
1.01.07.02.00	Outras Contas	Incluir, dentre outras, a soma das contas/subcontas do Circulante que registram, dentre outras, a correção monetária relativa à diferença, em relação ao ano de 1990, entre o IPC e o BTN Fiscal, na forma estabelecida nos arts. 32 e 33 do Decreto nº 332, de 1991.	A
1.01.09	CONTAS RETIFICADORAS		S
1.01.09.01.00	(–) Contas Retificadoras	Contas que registram parcelas a serem subtraídas do circulante, correspondentes a valores que retificam esse grupo, tais como: duplicatas descontadas, provisões para créditos de liquidação duvidosa, provisões para ajuste do estoque ao valor de mercado, quando este for inferior, contas redutoras dos créditos.	A
1.01.09.01.01	(–) Duplicatas Descontadas	Contas que registram parcelas a serem subtraídas do circulante, correspondentes a valores das duplicatas descontadas que retificam esse grupo.	A
1.01.09.01.03	(–) Provisões para Créditos de Liquidação Duvidosa	Contas que registram parcelas a serem subtraídas do circulante, correspondentes a valores das provisões para créditos de liquidação duvidosa que retificam esse grupo.	A
1.01.09.01.05	(–) Provisão para Ajuste do Estoque ao Valor de Mercado	Contas que registram parcelas a serem subtraídas do circulante, correspondentes a valores das provisões para ajuste do estoque ao valor de mercado que retificam esse grupo.	A

Código	Descrição / Título da Conta	Orientações	Tipo de conta
1.01.09.01.07	(–) Provisões para Ajuste ao Valor Provável de Realização	Contas que registram parcelas a serem subtraídas do circulante, correspondentes a valores das provisões para ajuste do estoque ao valor provável de realização que retificam esse grupo.	A
1.01.09.01.90	(–) Outras Contas Retificadoras	Contas que registram parcelas a serem subtraídas do circulante que não possam ser classificadas nos itens precedentes.	A
1.04	REALIZÁVEL A LONGO PRAZO		S
1.04.01	CRÉDITOS		S
1.04.01.01.00	Clientes	Contas que registram os créditos a receber de terceiros, relativos a eventuais contas de clientes, títulos a receber, adiantamentos etc., com prazo de recebimento posterior ao exercício seguinte à data do balanço.	A
1.04.01.02.00	Créditos com Pessoas Ligadas (Físicas/ Jurídicas)	Contas correspondentes a vendas, adiantamentos ou empréstimos a sociedades coligadas ou controladas, diretores, acionistas ou participantes da empresa, que não constituam negócios usuais na exploração do objeto social da pessoa jurídica.	A
1.04.01.03.00	Títulos e Valores Mobiliários	Contas correspondentes às aplicações em títulos e valores mobiliários com vencimento posterior ao exercício seguinte, e investimentos em outras sociedades que não tenham caráter permanente, inclusive os feitos com incentivos fiscais.	A
1.04.01.04.00	Depósitos Judiciais	Contas que registram aos depósitos judiciais efetuados, a qualquer título, pendentes de decisão.	A
1.04.01.05.00	Créditos Fiscais CSLL – Diferenças Temporárias e Base de Cálculo Negativa	As companhias abertas, obrigatoriamente, devem informar, nessas contas, o valor dos créditos fiscais com realização após o exercício seguinte e das diferenças temporárias, inclusive as decorrentes da base de cálculo negativa, relativos à CSLL, conforme Deliberação CVM nº 273, de 1998.	A
1.04.01.06.00	Créditos Fiscais IRPJ – Diferenças Temporárias e Prejuízos Fiscais	As companhias abertas, obrigatoriamente, devem informar, nessas contas, o valor dos créditos fiscais com realização após o exercício seguinte e das diferenças temporárias, inclusive as decorrentes dos prejuízos fiscais, relativos ao IRPJ, conforme Deliberação CVM nº 273, de 1998.	A
1.04.01.07.00	Créditos por Contribuições e Doações	Contas que registram, nas instituições imunes ou isentas, créditos por contribuições ou doações com vencimento após final do exercício subsequente.	A

Código	Descrição / Título da Conta	Orientações	Tipo de conta
1.04.01.08.00	Outras Contas	Contas que registram, entre outras, a soma das contas/subcontas do Realizável a Longo Prazo que registram a correção monetária relativa à diferença, em relação ao ano de 1990, entre o IPC e o BTN Fiscal, na forma estabelecida nos arts. 32 e 33 do Decreto nº 332, de 1991.	A
1.04.01.09.00	(–) Contas Retificadoras	Contas que registram parcelas a serem subtraídas do Realizável a Longo Prazo correspondentes a valores que retificam esse grupo.	A
1.07	PERMANENTE		S
1.07	NÃO CIRCULANTE		S
1.07.00	REALIZÁVEL A LONGO PRAZO		S
1.07.00.01.00	Clientes	Contas que registram os créditos a receber de terceiros, relativos a eventuais contas de clientes, títulos a receber, adiantamentos etc., com prazo de recebimento posterior ao exercício seguinte à data do balanço.	A
1.07.00.02.00	Créditos com Pessoas Ligadas (Físicas/ Jurídicas)	Contas correspondentes a vendas, adiantamentos ou empréstimos a sociedades coligadas ou controladas, diretores, acionistas ou participantes da empresa, que não constituam negócios usuais na exploração do objeto social da pessoa jurídica.	A
1.07.00.03.00	Valores Mobiliários	Contas correspondentes às aplicações em títulos com vencimento posterior ao exercício seguinte, e investimentos em outras sociedades que não tenham caráter permanente, inclusive os feitos com incentivos fiscais.	A
1.07.00.04.00	Depósitos Judiciais	Contas que registram os depósitos judiciais efetuados, a qualquer título, pendentes de decisão.	A
1.07.00.05.00	Créditos Fiscais CSLL – Diferenças Temporárias e Base de Cálculo Negativa	As companhias abertas, obrigatoriamente, devem informar, nessas contas, o valor dos créditos fiscais com realização após o exercício seguinte e das diferenças temporárias, inclusive as decorrentes da base de cálculo negativa, relativas à CSLL, conforme Deliberação CVM nº 273, de 1998.	A
1.07.00.06.00	Créditos Fiscais IRPJ – Diferenças Temporárias e Prejuízos Fiscais	As companhias abertas, obrigatoriamente, devem informar, nessas contas, o valor dos créditos fiscais com realização após o exercício seguinte e das diferenças temporárias, inclusive as decorrentes dos prejuízos fiscais, relativos ao IRPJ, conforme Deliberação CVM nº 273, de 1998.	A

Código	Descrição / Título da Conta	Orientações	Tipo de conta
1.07.00.07.00	Créditos por Contribuições e Doações	Contas que registram, nas instituições imunes ou isentas, créditos por contribuições ou doações com vencimento após final do exercício subsequente.	A
1.07.00.08.00	Outras Contas	Contas que registram, entre outras, a soma das contas/subcontas do Realizável a Longo Prazo que registram a correção monetária relativa à diferença, em relação ao ano de 1990, entre o IPC e o BTN Fiscal, na forma estabelecida nos arts. 32 e 33 do Decreto nº 332, de 1991.	A
1.07.00.90.00	(–) Duplicatas Descontadas	Contas que registram parcelas a serem subtraídas do circulante, correspondentes a valores das duplicatas descontadas que retificam esse grupo.	A
1.07.00.93.00	(–) Provisões para Créditos de Liquidação Duvidosa	Contas que registram parcelas a serem subtraídas do circulante, correspondentes a valores das provisões para créditos de liquidação duvidosa que retificam esse grupo.	A
1.07.00.95.00	(–) Provisões para Ajuste ao Valor Provável de Realização	Contas que registram parcelas a serem subtraídas do circulante, correspondentes a valores das provisões para ajuste do estoque ao valor provável de realização que retificam esse grupo.	A
1.07.00.97.00	(–) Outras Contas Retificadoras	Contas que registram parcelas a serem subtraídas do Realizável a Longo Prazo que não possam ser classificadas nos itens precedentes.	A
1.07.01	INVESTIMENTOS		S
1.07.01.01.00	Participações Permanentes em Coligadas ou Controladas	Contas que registram investimentos permanentes, na forma de participação em outras sociedades coligadas e/ou controladas, ainda que se trate de investimento não relevante.	A
1.07.01.02.00	Investimentos Decorrentes de Incentivos Fiscais	Contas que registram os investimentos decorrentes de incentivos fiscais representados por ações novas da Embraer ou de empresas nacionais de informática ou por participação direta decorrente da troca do CI – Certificado de Investimento por ações pertencentes às carteiras de Fundos (Finor, Finam e Fiset). Inclui-se a aquisição de quotas representativas de direitos de comercialização sobre produção de obras audiovisuais cinematográficas brasileiras de produção independente, com projetos previamente aprovados pelo Ministério da Cultura, realizada no mercado de capitais, em ativos previstos em lei e autorizados pela Comissão de Valores Mobiliários (CVM).	A

Código	Descrição / Título da Conta	Orientações	Tipo de conta
1.07.01.03.00	Outros Investimentos	Contas correspondentes aos direitos de qualquer natureza que não se destinem à manutenção da atividade da companhia ou da empresa e que não se classifiquem no ativo circulante ou realizável a longo prazo, tais como: o imóvel não utilizado na exploração ou na manutenção das atividades da empresa e que não se destine à revenda, e os recursos florestais destinados à proteção do solo ou à preservação da natureza, entre outros.	A
1.07.01.04.00	Ágios em Investimentos	Contas correspondentes ao ágio por diferença de valor de mercado dos bens, por valor de rentabilidade futura, por fundo de comércio, intangíveis, ou outras razões econômicas.	A
1.07.01.05.00	Correção Monetária – Diferença IPC/BTNF (Lei nº 8.200/1991)	Contas/subcontas dos investimentos que registram a correção monetária relativa à diferença, em relação ao ano de 1990, entre o IPC e o BTN Fiscal, na forma estabelecida nos arts. 32 e 33 do Decreto nº 332, de 1991.	A
1.07.01.06.00	Correção Monetária Especial (Lei nº 8.200/1991)	Contas/subcontas dos investimentos que registram a correção monetária especial, na forma do art. 44 do Decreto nº 332, de 1991.	A
1.07.01.07.00	(–) Deságios e Provisão para Perdas Prováveis em Investimentos	Contas que registram: a) o deságio por diferença de valor de mercado dos bens, por valor de rentabilidade futura e por fundo de comércio, intangíveis, ou outras razões econômicas; b) o valor correspondente à provisão para perdas em investimentos registrados pelo método de custo e à provisão para perdas em investimentos avaliados pelo método da equivalência patrimonial, sendo que, nesse último caso, deve ser informado somente o valor das perdas efetivas ou potenciais já previstas, mas não reconhecidas contabilmente pela coligada ou controlada.	A
1.07.01.90.00	Outras Contas	Contas que registram bens e direitos classificáveis em Investimentos que não possam ser classificadas nos itens precedentes.	A
1.07.01.97.00	(–) Outras Contas Retificadoras	Contas que registram parcelas a serem subtraídas de Investimentos que não possam ser classificadas nos itens precedentes.	A
1.07.04	IMOBILIZADO		S

Código	Descrição / Título da Conta	Orientações	Tipo de conta
1.07.04.01.00	Terrenos	Contas que registram os terrenos de propriedade da pessoa jurídica utilizados nas operações, ou seja, onde se localizam a fábrica, os depósitos, os escritórios, as filiais, as lojas etc., inclusive os decorrentes de operações que transfiram à companhia os benefícios, riscos e controle desses bens. Atenção: o valor do terreno onde está em construção uma nova unidade que ainda não esteja em operação também deve ser informado nessa conta.	A
1.07.04.02.00	Edifícios e Construções	Contas que registram os edifícios, melhoramentos e obras integradas aos terrenos, e os serviços e instalações provisórias, necessários à construção e ao andamento das obras, tais como: limpeza do terreno, serviços topográficos, sondagens de reconhecimento, terraplenagem, e outras similares, inclusive os decorrentes de operações que transfiram à companhia os benefícios, riscos e controle desses bens. Atenção: As construções em andamento devem ser informadas na conta Construções em Andamento.	A
1.07.04.02.01	Construções em Andamento	Contas que registram as construções em andamento de edifícios, melhoramentos e obras integradas aos terrenos, e os serviços e instalações provisórias, necessários à construção e ao andamento das obras, tais como: limpeza do terreno, serviços topográficos, sondagens de reconhecimento, terraplenagem, e outras similares, inclusive os decorrentes de operações que transfiram à companhia os benefícios, riscos e controle desses bens.	A
1.07.04.03.00	Equipamentos, Máquinas e Instalações Industriais	Contas que registram os equipamentos, máquinas e instalações industriais utilizados no processo de produção da pessoa jurídica, inclusive os decorrentes de operações que transfiram à companhia os benefícios, riscos e controle desses bens.	A
1.07.04.04.00	Veículos	Contas que registram os veículos de propriedade da pessoa jurídica, inclusive os decorrentes de operações que transfiram à companhia os benefícios, riscos e controle desses bens. Atenção: Os veículos de uso direto na produção, como empilhadeiras e similares, devem ser informados na conta Equipamentos, Máquinas e Instalações Industriais.	A

Código	Descrição / Título da Conta	Orientações	Tipo de conta
1.07.04.04.01	Embarcações	Contas que registram as embarcações de propriedade da pessoa jurídica, inclusive as decorrentes de operações que transfiram à companhia os benefícios, riscos e controle desses bens.	A
1.07.04.04.02	Aeronaves	Contas que registram as aeronaves de propriedade da pessoa jurídica, inclusive as decorrentes de operações que transfiram à companhia os benefícios, riscos e controle desses bens.	A
1.07.04.05.00	Móveis, Utensílios e Instalações Comerciais	Contas que registram os móveis, utensílios e instalações comerciais, inclusive os decorrentes de operações que transfiram à companhia os benefícios, riscos e controle desses bens.	A
1.07.04.06.00	Recursos Minerais	Contas que registram os direitos de exploração de jazidas de minério, de pedras preciosas, e similares, inclusive os decorrentes de operações que transfiram à companhia os benefícios, riscos e controle desses bens.	A
1.07.04.07.00	Florestamento e Reflorestamento	Contas que registram os recursos florestais destinados à exploração dos respectivos frutos e ao corte para comercialização, consumo ou industrialização, inclusive os decorrentes de operações que transfiram à companhia os benefícios, riscos e controle desses bens.	A
1.07.04.08.00	Direitos Contratuais de Exploração de Florestas	Contas que registram os direitos contratuais de exploração de florestas com prazo de exploração superior a dois anos, inclusive os decorrentes de operações que transfiram à companhia os benefícios, riscos e controle desses bens.	A
1.07.04.09.00	Outras Imobilizações	Contas que registram outras imobilizações, tais como: benfeitorias em propriedades arrendadas que se incorporam ao imóvel arrendado e revertem ao proprietário do imóvel ao final da locação, adiantamentos para inversões fixas, reprodutores, matrizes e as culturas permanentes da atividade rural, e similares, inclusive os decorrentes de operações que transfiram à companhia os benefícios, riscos e controle desses bens.	A
1.07.04.10.00	Correção Monetária – Diferença IPC/BTNF (Lei nº 8.200/1991)	Contas/subcontas do imobilizado que registram a correção monetária relativa à diferença, em relação ao ano de 1990, entre o IPC e o BTN Fiscal, na forma estabelecida nos arts. 32 e 33 do Decreto nº 332, de 1991.	A

Código	Descrição / Título da Conta	Orientações	Tipo de conta
1.07.04.11.00	Correção Monetária Especial (Lei nº 8.200/1991)	Contas/subcontas do imobilizado que registram a correção monetária especial na forma do art. 44 do Decreto nº 332, de 1991.	A
1.07.04.12.00	(–) Depreciações, Amortizações e Quotas de Exaustão	Contas que registram as depreciações, amortizações e quotas de exaustão das contas do imobilizado.	A
1.07.04.90.00	(–) Outras Contas Redutoras do Imobilizado	Outras contas redutoras do Imobilizado, inclusive a provisão para perda decorrente da análise de recuperação (art. 183, § 3º, da Lei nº 6.404/76).	A
1.07.05	INTANGÍVEL		S
1.07.05.01.00	Concessões	Contas que registram os custos com aquisição de concessões.	A
1.07.05.03.00	Marcas e Patentes	Contas que registram os custos com aquisição de marcas e patentes.	A
1.07.05.05.00	Direitos Autorais	Contas que registram os custos com aquisição de direitos autorais.	A
1.07.05.07.00	Fundo de Comércio	Contas que registram os custos com aquisição de fundos de comércio.	A
1.07.05.09.00	*Software* ou Programas de Computador	Contas que registram os custos com aquisição/ desenvolvimento de programas de computador.	A
1.07.05.11.00	Franquias	Contas que registram os custos com aquisição de franquias.	A
1.07.05.13.00	Desenvolvimento de Produtos	Contas que registram os custos com o desenvolvimento de novos produtos.	A
1.07.05.15.00	Outras	Contas que registram os custos com aquisição de outros itens classificáveis no intangível.	A
1.07.05.90.00	(–) Amortização do Intangível	Contas correspondentes à amortização das contas do ativo intangível.	A
1.07.05.97.00	(–) Outras Contas Redutoras do Intangível	Outras contas redutoras o intangível, inclusive a provisão para perda decorrente da análise de recuperação (art. 183, § 3º, da Lei nº 6.404/76).	A
1.07.07	DIFERIDO		S
1.07.07.01.00	Despesas Pré-Operacionais ou Pré-Industriais	Contas que registram os gastos de organização e administração, encargos financeiros líquidos, estudos, projetos e detalhamentos, juros a acionista na fase de implantação e gastos preliminares de operação. O saldo existente em 31 de dezembro de 2008 no ativo diferido que, pela sua natureza, não puder ser alocado a outro grupo de contas, poderá	A

Código	Descrição / Título da Conta	Orientações	Tipo de conta
		permanecer no ativo sob essa classificação até sua completa amortização, sujeito à análise sobre a recuperação.	
1.07.07.02.00	Despesas com Pesquisas Científicas ou Tecnológicas	Contas que registram os gastos com pesquisa científica ou tecnológica. O saldo existente em 31 de dezembro de 2008 no ativo diferido que, pela sua natureza, não puder ser alocado a outro grupo de contas, poderá permanecer no ativo sob essa classificação até sua completa amortização, sujeito à análise sobre a recuperação.	A
1.07.07.03.00	Demais Aplicações em Despesas Amortizáveis	Contas que registram os gastos com pesquisas e desenvolvimento de produtos, com a implantação de sistemas e métodos e com reorganização. O saldo existente em 31 de dezembro de 2008 no ativo diferido que, pela sua natureza, não puder ser alocado a outro grupo de contas, poderá permanecer no ativo sob essa classificação até sua completa amortização, sujeito à análise sobre a recuperação.	A
1.07.07.04.00	Correção Monetária – Diferença IPC/BTNF (Lei nº 8.200/1991)	Contas/subcontas do ativo diferido que registram a correção monetária relativa à diferença, em relação ao ano de 1990, entre o IPC e o BTN Fiscal, na forma estabelecida nos arts. 32 e 33 do Decreto nº 332, de 1991.	A
1.07.07.05.00	Correção Monetária Especial (Lei nº 8.200/1991)	Contas/subcontas do ativo diferido que registram a correção monetária especial, na forma do art. 44 do Decreto nº 332, de 1991.	A
1.07.07.06.00	(–) Amortização do Diferido	Contas correspondentes à amortização das contas do ativo diferido.	A
2	PASSIVO		S
2.01	CIRCULANTE		S
2.01.01	OBRIGAÇÕES DE CURTO PRAZO		S
2.01.01.01.00	Fornecedores	Contas que registram o valor a pagar correspondente à compra de matérias-primas, bens, insumos e mercadorias. (Podem ser informados, também, os adiantamentos de clientes efetuados até 31.12.2008).	A
2.01.01.01.01	Adiantamentos de Clientes	Contas que registram o valor correspondente a adiantamentos de clientes.	A

Código	Descrição / Título da Conta	Orientações	Tipo de conta
2.01.01.02.00	Financiamentos a Curto Prazo	Contas que registram os credores por financiamentos e financiamentos bancários a curto prazo, encargos financeiros a transcorrer e juros a pagar de empréstimos e financiamentos. Atenção: as obrigações resultantes de financiamentos obtidos com pessoas físicas ou outras empresas que não sejam instituições financeiras devem ser informadas nesta conta.	A
2.01.01.02.01	Financiamentos a Curto Prazo – Sistema Financeiro Nacional	Contas que registram os credores por financiamentos a curto prazo, obtidos junto ao Sistema Financeiro Nacional, encargos financeiros a transcorrer e juros a pagar de empréstimos e financiamentos. Atenção: as obrigações resultantes de operações de Arrendamento Mercantil (*Leasing* Financeiro) devem ser informadas na conta Financiamentos a Curto Prazo – Outros.	A
2.01.01.02.02	Arrendamento Mercantil (Financeiro) a Curto Prazo – Sistema Financeiro Nacional	Contas que registram as obrigações de curto prazo relativas a arrendamento mercantil financeiro contratado junto a empresas integrantes do Sistema Financeiro Nacional.	A
2.01.01.02.03	Financiamentos a Curto Prazo – Outros	Contas que registram os credores por financiamentos a curto prazo, obtidos no Brasil, encargos financeiros a transcorrer e juros a pagar de empréstimos e financiamentos. Atenção: as obrigações resultantes de financiamentos obtidos com pessoas físicas ou outras empresas que não sejam instituições financeiras devem ser informadas nessa conta.	A
2.01.01.02.04	Financiamentos a Curto Prazo – Exterior	Contas que registram os credores por financiamentos a curto prazo, obtidos no exterior, encargos financeiros a transcorrer e juros a pagar de empréstimos e financiamentos. Atenção: as obrigações resultantes de operações de Arrendamento Mercantil (*Leasing* Financeiro) contratadas no exterior devem ser informadas na conta Arrendamento Mercantil (Financeiro) a Curto Prazo – Exterior.	A
2.01.01.02.05	Arrendamento Mercantil (Financeiro) a Curto Prazo – Exterior	Contas que registram as obrigações das pessoas jurídicas relativas a arrendamento mercantil financeiro contratado junto a empresas não sediadas no Brasil.	A

Código	Descrição / Título da Conta	Orientações	Tipo de conta
2.01.01.03.00	Impostos, Taxas e Contribuições a recolher	Contas que registram as obrigações da pessoa jurídica relativas a impostos, taxas e contribuições. Atenção: não incluir, nesta conta, o valor do FGTS, do PIS, da COFINS e das Contribuições Previdenciárias a recolher e o valor correspondente à provisão para a contribuição social sobre o lucro líquido e para o imposto de renda.	A
2.01.01.03.01	IPI a recolher	Contas correspondentes ao IPI a recolher no final do período de apuração.	A
2.01.01.03.02	ICMS e Contribuições a recolher	Contas correspondentes ao ICMS a recolher no final do período de apuração.	A
2.01.01.03.03	Tributos Municipais a recolher	Contas correspondentes a tributos municipais a recolher no final do período de apuração.	A
2.01.01.04.00	FGTS a recolher	Contas que registram o valor do FGTS a recolher.	A
2.01.01.05.00	PIS e COFINS a recolher	Contas que registram o valor do PIS e da COFINS a recolher.	A
2.01.01.06.00	Contribuições Previdenciárias a recolher	Contas que registram o valor das Contribuições Previdenciárias a recolher.	A
2.01.01.06.90	Outros tributos a recolher	Contas correspondentes a tributos a recolher não classificáveis em contas específicas.	A
2.01.01.07.00	Salários a Pagar	Contas que registram o valor correspondente aos salários, ordenados, horas extras, adicionais e prêmios a serem pagos no exercício subsequente.	A
2.01.01.08.00	Dividendos Propostos ou Lucros Creditados	Contas correspondentes aos dividendos aprovados pela Assembleia, creditados aos acionistas ou propostos pela administração da pessoa jurídica na data do balanço, como parte da destinação proposta para os lucros.	A
2.01.01.09.00	Provisão para a Contribuição Social sobre o Lucro Líquido	Conta correspondente à provisão para a contribuição social sobre o lucro líquido a pagar.	A
2.01.01.10.00	Provisão para o Imposto de Renda	Conta correspondente ao saldo a pagar da provisão para o imposto de renda.	A
2.01.01.11.00	Débitos Fiscais CSLL – Diferenças Temporárias	As companhias abertas, obrigatoriamente, deverão informar, nessas contas, o valor dos débitos fiscais com realização no exercício seguinte e das diferenças temporárias, relativos à CSLL, conforme Deliberação CVM nº 273, de 20 de agosto de 1998.	A

Código	Descrição / Título da Conta	Orientações	Tipo de conta
2.01.01.12.00	Débitos Fiscais IRPJ – Diferenças Temporárias	As companhias abertas, obrigatoriamente, deverão informar, nessas contas, o valor dos débitos fiscais com realização no exercício seguinte e das diferenças temporárias, relativos ao IRPJ, conforme Deliberação CVM nº 273, de 20 de agosto de 1998.	A
2.01.01.12.10	Provisões de Natureza Fiscal	Contas que registram, a partir de 01.01.2008, outras provisões de natureza fiscal.	A
2.01.01.12.20	Provisões de Natureza Trabalhista	Contas que registram, a partir de 01.01.2008, outras provisões de natureza trabalhista.	A
2.01.01.12.30	Provisões de Natureza Cível	Contas que registram, a partir de 01.01.2008, outras provisões de natureza cível.	A
2.01.01.12.40	Doações e Subvenções para Investimentos	Contas que registram, a partir de 01.01.2008, as doações e subvenções para investimento, enquanto não transferidas para o resultado do exercício.	A
2.01.01.13.00	Outras Contas	Contas que registram comissões a pagar ou provisionadas de retenções contratuais, de obrigações decorrentes do fornecimento ou utilização de serviços (energia elétrica, água, telefone, propaganda, honorários profissionais de terceiros, aluguéis) e outras contas não citadas nas contas anteriores. Atenção: também são incluídas, nessa conta, as provisões para registro de obrigações, tais como as provisões para: férias, gratificações a empregados (inclusive encargos sociais a pagar e FGTS a recolher sobre tais provisões), e outras de natureza semelhante, ainda que não dedutíveis.	A
2.01.01.14.00	(–) Contas Retificadoras	Contas correspondentes às contas retificadoras do passivo circulante.	A
2.01.01.90.00	(–) Contas Retificadoras	Contas correspondentes às contas retificadoras do passivo circulante.	A
2.03	EXIGÍVEL A LONGO PRAZO		S
2.03	NÃO CIRCULANTE		S
2.03.01	OBRIGAÇÕES A LONGO PRAZO		S
2.03.01.01.00	Fornecedores	Contas que registram valores a pagar relativos à compra de matérias-primas, bens, insumos e mercadorias e o valor correspondente a adiantamentos de clientes, com prazo de pagamento posterior ao exercício seguinte à data do balanço.	A

Código	Descrição / Título da Conta	Orientações	Tipo de conta
2.03.01.02.00	Financiamentos a Longo Prazo	Contas que registram as obrigações a longo prazo da pessoa jurídica com instituições financeiras do País e do exterior ou contas que registram os financiamentos a longo prazo, para compra de bens e equipamentos, feitos diretamente pelo fornecedor.	A
2.03.01.02.01	Financiamentos a Longo Prazo – Sistema Financeiro Nacional	Contas que registram os credores por financiamentos a longo prazo, obtidos junto ao Sistema Financeiro Nacional, encargos financeiros a transcorrer e juros a pagar de empréstimos e financiamentos. Atenção: as obrigações resultantes de operações de Arrendamento Mercantil (*Leasing* Financeiro) devem ser informadas na conta Financiamentos a Longo Prazo – Brasil – Outros.	A
2.03.01.02.02	Arrendamento Mercantil (Financeiro) a Longo Prazo – Sistema Financeiro Nacional	Contas que registram as obrigações de longo prazo relativas a arrendamento mercantil financeiro contratado junto a empresas integrantes do Sistema Financeiro Nacional.	A
2.03.01.02.03	Financiamentos a Longo Prazo – Brasil – Outros	Contas que registram os credores por financiamentos de longo prazo, obtidos no Brasil, encargos financeiros a transcorrer e juros a pagar de empréstimos e financiamentos. Atenção: as obrigações resultantes de financiamentos obtidos com pessoas físicas ou outras empresas que não sejam instituições financeiras devem ser informadas nessa conta.	A
2.03.01.02.04	Financiamentos a Longo Prazo – Exterior	Contas que registram os credores por financiamentos a longo prazo, obtidos no exterior, encargos financeiros a transcorrer e juros a pagar de empréstimos e financiamentos. Atenção: as obrigações resultantes de operações de Arrendamento Mercantil (*Leasing* Financeiro) contratadas no exterior devem ser informadas na conta Arrendamento Mercantil (Financeiro) a Longo Prazo – Exterior.	A
2.03.01.02.05	Arrendamento Mercantil (Financeiro) a Longo Prazo – Exterior	Contas que registram as obrigações de longo prazo relativas a arrendamento mercantil financeiro contratado junto a empresas não sediadas no Brasil.	A
2.03.01.03.00	Empréstimos de Sócios/Acionistas Não Administradores	Contas relativas a empréstimos concedidos à pessoa jurídica por sócios e acionistas não administradores.	A
2.03.01.04.00	Créditos de Pessoas Ligadas (Físicas/ Jurídicas)	Contas que registram compras, adiantamentos ou empréstimos de sociedades coligadas ou controladas, diretores, acionistas ou participantes da empresa, que não constituam negócios usuais na exploração do objeto social da pessoa jurídica.	A

Código	Descrição / Título da Conta	Orientações	Tipo de conta
2.03.01.05.00	Provisão para o Imposto de Renda sobre Lucros Diferidos	Conta que registra o imposto de renda sobre lucros diferidos, tais como: lucro inflacionário não realizado, contratos a longo prazo relativos a fornecimento de bens e de construção por empreitada para o poder público e suas empresas, ganho de capital oriundo de desapropriação, ganho de capital por venda de bens do ativo permanente com recebimento parcelado a longo prazo e depreciação acelerada.	A
2.03.01.06.00	Débitos Fiscais CSLL – Diferenças Temporárias	As companhias abertas, obrigatoriamente, devem informar, nessas contas, o valor dos débitos fiscais com realização após o exercício seguinte e das diferenças temporárias, relativos à CSLL, conforme Deliberação CVM nº 273, de 1998.	A
2.03.01.07.00	Débitos Fiscais IRPJ – Diferenças Temporárias	As companhias abertas, obrigatoriamente, devem informar, nessas contas, o valor dos débitos fiscais com realização após o exercício seguinte e das diferenças temporárias, relativos ao IRPJ, conforme Deliberação CVM nº 273, de 1998.	A
2.03.01.07.10	Outras Provisões de Natureza Fiscal	Contas que registram, a partir de 01.01.2008, as outras provisões de natureza fiscal, enquanto não transferidas para o resultado do exercício.	A
2.03.01.07.20	Outras Provisões de Natureza Trabalhista	Contas que registram, a partir de 01.01.2008, as outras provisões de natureza trabalhista, enquanto não transferidas para o resultado do exercício.	A
2.03.01.07.30	Outras Provisões de Natureza Cível	Contas que registram, a partir de 01.01.2008, as outras provisões de natureza cível, enquanto não transferidas para o resultado do exercício.	A
2.03.01.07.40	Doações e Subvenções para Investimentos	Contas que registram, a partir de 01.01.2008, as doações e subvenções para investimento, enquanto não transferidas para o resultado do exercício.	A
2.03.01.08.00	Outras Contas	Contas que registram obrigações, não especificadas nos itens precedentes, cujo vencimento ocorrerá em período posterior ao exercício seguinte. Atenção: não incluir, nessa conta, o valor contratado das vendas a prazo ou a prestação para recebimento após o término do ano-calendário subsequente, no caso de atividade imobiliária, e os juros e demais receitas financeiras recebidos antecipadamente em transações financeiras. Esses valores devem ser informados em Resultados de Exercícios Futuros.	A
2.03.01.09.00	(–) Contas Retificadoras	Contas retificadoras do Exigível de Longo Prazo.	A

Código	Descrição / Título da Conta	Orientações	Tipo de conta
2.03.01.90.00	(–) Contas Retificadoras	Contas retificadoras do Exigível de Longo Prazo	A
2.03.03.	RECEITAS DIFERIDAS		S
2.03.03.01.00	Receitas Diferidas	Saldo remanescente da conta Resultado de Exercícios Futuros onde a pessoa jurídica que explore as atividades de compra e venda, loteamento, incorporação e construção de imóveis indicava o valor contratado das vendas a prazo ou a prestação para recebimento após o término do ano-calendário subsequente, no caso de atividade imobiliária. Também se consideravam como receitas de exercícios futuros os juros e demais receitas financeiras recebidos antecipadamente em transações financeiras.	A
2.03.03.03.00	(–) Custos Correspondentes às Receitas Diferidas	Contas correspondentes aos custos e despesas de exercícios futuros correspondentes às receitas indicadas na conta precedente.	A
2.05	RESULTADO DE EXERCÍCIOS FUTUROS		S
2.05.01	RESULTADO DE EXERCÍCIOS FUTUROS		S
2.05.01.01.00	Receita de Exercícios Futuros	A pessoa jurídica que explore as atividades de compra e venda, loteamento, incorporação e construção de imóveis indicará, nessas contas, o valor contratado das vendas a prazo ou a prestação para recebimento após o término do ano-calendário subsequente, no caso de atividade imobiliária. Também se consideram como receitas de exercícios futuros os juros e demais receitas financeiras recebidos antecipadamente em transações financeiras.	A
2.05.01.02.00	(–) Custos e Despesas Correspondentes	Contas correspondentes aos custos e despesas de exercícios futuros correspondentes às receitas indicadas na conta precedente.	A
2.07	PATRIMÔNIO LÍQUIDO		S
2.07.01	CAPITAL REALIZADO		S
2.07.01.01.00	Capital Subscrito de Domiciliados e Residentes no País	Contas correspondentes ao capital subscrito de domiciliados no País.	A
2.07.01.02.00	(–) Capital a Integralizar de Domiciliados e Residentes no País	Contas correspondentes ao capital social subscrito de domiciliados no País que não tenha sido integralizado.	A

Código	Descrição / Título da Conta	Orientações	Tipo de conta
2.07.01.03.00	Capital Subscrito de Domiciliados e Residentes no Exterior	Contas correspondentes ao capital subscrito de domiciliados no exterior.	A
2.07.01.04.00	(–) Capital a Integralizar de Domiciliados e Residentes no Exterior	Contas correspondentes ao capital social subscrito de domiciliados no exterior que não tenha sido integralizado.	A
2.07.04	RESERVAS		S
2.07.04.01.00	Reservas de Capital	Contas correspondentes às reservas constituídas pela correção monetária do capital, por incentivos fiscais, por ágio na emissão de ações, por alienação de partes beneficiárias.	A
2.07.04.02.00	Reservas de Reavaliação	Contas correspondentes aos saldos das reservas de reavaliação ainda não realizadas, decorrentes de reavaliação de ativos próprios e de ativos de coligadas e controladas, estes avaliados pelo método da equivalência patrimonial.	A
2.07.04.03.00	Reservas de Lucros	Contas correspondentes às reservas constituídas pela destinação de lucros da empresa, tais como: reserva legal, reservas estatutárias, reserva para contingências, reserva de lucros a realizar, reserva de lucros para expansão, reserva especial para dividendo obrigatório não distribuído e reserva de exaustão incentivada de recursos minerais.	A
2.07.04.03.01	Reservas de Lucros – Doações e Subvenções para Investimentos	Contas que registram, a partir de 01.01.2008, as doações e subvenções para investimento.	A
2.07.04.03.02	Reservas de Lucros – Prêmio na Emissão de Debêntures	Contas que registram, a partir de 01.01.2008, os prêmios na emissão de debêntures.	A
2.07.04.04.00	Reserva para Aumento de Capital (Lei nº 9.249/1995, art. 9º, § 9º)	Conta correspondente à reserva constituída em 1996 com o montante dos juros sobre o capital próprio deduzidos como despesa financeira, mas mantidos no patrimônio da empresa, caso esta tenha optado pela faculdade prevista no § 9º do art. 9º da Lei nº 9.249, de 1995.	A
2.07.04.05.00	Outras Reservas	Contas correspondentes às demais reservas não consignadas nos itens anteriores, tais como o saldo devedor ou credor da conta de correção monetária correspondente à diferença, em relação ao ano de 1990, entre o IPC e o BTN Fiscal e o saldo da correção especial das contas do ativo permanente efetuada com base nos arts. 33 e 44 do Decreto nº 332, de 1991.	A

Código	Descrição / Título da Conta	Orientações	Tipo de conta
2.07.05	AJUSTES DE AVALIAÇÃO PATRIMONIAL		S
2.07.05.01.00	Ajustes às Normas Internacionais de Contabilidade	Contrapartidas de aumentos ou diminuições de valor atribuídos a elementos do ativo e do passivo, em decorrência da sua avaliação a valor justo, nos casos previstos nessa Lei ou, em normas expedidas pela Comissão de Valores Mobiliários, com base na competência conferida pelo § 3º do art. 177 da Lei nº 6.404/76 (enquanto não computadas no resultado do exercício em obediência ao regime de competência).	A
2.07.05.01.01	(–) Ajustes às Normas Internacionais de Contabilidade	Contrapartidas de aumentos ou diminuições de valor atribuídos a elementos do ativo e do passivo, em decorrência da sua avaliação a valor justo, nos casos previstos nessa Lei ou, em normas expedidas pela Comissão de Valores Mobiliários, com base na competência conferida pelo § 3º do art. 177 da Lei nº 6.404/76 (enquanto não computadas no resultado do exercício em obediência ao regime de competência).	A
2.07.07	OUTRAS CONTAS		S
2.07.07.01.00	Lucros Acumulados e/ou Saldo à Disposição da Assembleia	Contas correspondentes aos lucros acumulados ou do saldo à disposição da assembleia.	A
2.07.07.02.00	(–) Prejuízos Acumulados	Contas correspondentes aos prejuízos acumulados.	A
2.07.07.03.00	(–) Ações em Tesouraria	Contas que registrem as aquisições de ações da própria empresa.	A
2.07.07.04.00	Outras	Outras contas classificáveis no patrimônio líquido que não tenham correspondência nas contas Lucros Acumulados e/ou Saldo à Disposição da Assembleia, Prejuízos Acumulados, Ações em Tesouraria.	A
2.08	PATRIMÔNIO SOCIAL		S
2.08.01	FUNDO PATRIMONIAL		S
2.08.01.01.00	Fundo Patrimonial	Contas que registrem, nas instituições imunes ou isentas, o Fundo Patrimonial.	A
2.08.04	RESERVAS		S
2.08.04.01.00	Reservas Patrimoniais	Contas correspondentes, nas instituições imunes ou isentas, às reservas patrimoniais.	A

Código	Descrição / Título da Conta	Orientações	Tipo de conta
2.08.04.02.00	Reservas Estatutárias	Contas correspondentes, nas instituições imunes ou isentas, às reservas estatutárias.	A
2.08.07	OUTRAS CONTAS		S
2.08.07.01.00	Superávits Acumulados	Contas correspondentes, nas instituições imunes ou isentas, aos superávits acumulados.	A
2.08.07.02.00	Déficits Acumulados	Contas correspondentes, nas instituições imunes ou isentas, aos déficits acumulados.	A
3	RESULTADO LÍQUIDO DO PERÍODO		S
3.01	RESULTADO LÍQUIDO DO PERÍODO ANTES DO IRPJ E DA CSLL – ATIVIDADE GERAL		S
3.01.01	RESULTADO OPERACIONAL		S
3.01.01.01	RECEITA LÍQUIDA		S
3.01.01.01.01	RECEITA BRUTA		S
3.01.01.01.01.01.00	Receita da Exportação de Produtos	Contas que registram as receitas de exportação.	A
3.01.01.01.01.01.01	Receita de Exportação Direta de Mercadorias e Produtos	Contas que registram o valor da receita auferida em decorrência da exportação direta de mercadorias e produtos.	A
3.01.01.01.01.01.02	Receita de Vendas de Mercadorias e Produtos a Comercial Exportadora com Fim Específico de Exportação	Contas que registram o valor da receita auferida em decorrência da venda de mercadorias e produtos a empresa comercial exportadora, com fim específico de exportação.	A
3.01.01.01.01.01.03	Receita de Exportação de Serviços	Contas que registram o valor da receita auferida em decorrência da exportação direta de serviços.	A
3.01.01.01.01.02.00	Receita da Venda no Mercado Interno de Produtos de Fabricação Própria	Contas que registram a receita auferida no mercado interno correspondente à venda de produtos de fabricação própria e as receitas auferidas na industrialização por encomenda ou por conta e ordem de terceiros. (Não se incluem o valor correspondente ao Imposto sobre Produtos Industrializados (IPI) cobrado destacadamente do comprador ou contratante, uma vez que o vendedor é mero depositário e esse imposto não integra o preço de venda da mercadoria, e, também, o valor correspondente ao ICMS cobrado na condição de substituto.)	A

Código	Descrição / Título da Conta	Orientações	Tipo de conta
3.01.01.01.01.03.00	Receita da Revenda de Mercadorias no Mercado Interno	Contas que registram receita auferida no mercado interno, correspondente à revenda de mercadorias e o resultado auferido nas operações de conta alheia.	A
3.01.01.01.01.04.00	Receita da Prestação de Serviços – Mercado Interno	Contas que registram a receita decorrente dos serviços prestados.	A
3.01.01.01.01.05.00	Receita das Unidades Imobiliárias Vendidas	As pessoas jurídicas que exploram atividades imobiliárias devem indicar, nessas contas, o montante das receitas das unidades imobiliárias vendidas, apropriadas ao resultado, inclusive as receitas transferidas de Resultados de Exercícios Futuros e os custos recuperados de períodos de apuração anteriores.	A
3.01.01.01.01.06.00	Receita de Locação de Bens Móveis e Imóveis	Contas que registram a receita decorrente da locação de bens móveis e imóveis.	A
3.01.01.01.01.07.00	Outras	Outras contas que registrem valores componentes da receita bruta não especificadas nos itens anteriores.	A
3.01.01.01.03	DEDUÇÕES DA RECEITA BRUTA		S
3.01.01.01.03.01.00	(–) Vendas Canceladas, Devoluções e Descontos Incondicionais	Contas representativas das vendas canceladas, a devoluções de vendas e a descontos incondicionais concedidos sobre receitas constantes das contas integrantes do grupo RECEITA BRUTA.	A
3.01.01.01.03.02.00	(–) ICMS	Contas que registram o total do Imposto Sobre Operações Relativas à Circulação de Mercadorias e Sobre Prestação de Serviços de Transporte Interestadual e Intermunicipal e de Comunicação (ICMS) calculado sobre as receitas das vendas e de serviços constantes das contas integrantes do grupo RECEITA BRUTA. Informar o resultado da aplicação das alíquotas sobre as respectivas receitas, e não o montante recolhido, durante o período de apuração, pela pessoa jurídica. O valor referente ao ICMS pago como substituto não deve ser incluído nessa conta.	A
3.01.01.01.03.03.00	(–) COFINS	Vigente à época da ocorrência dos fatos geradores, incidente sobre as receitas das contas integrantes do grupo RECEITA BRUTA. O valor informado deve ser apurado de forma centralizada pelo estabelecimento matriz, quando a pessoa jurídica possuir mais de um estabelecimento (Lei nº 9.779, de 1999, art. 15, III). Não incluir a COFINS incidente sobre as demais receitas operacionais, que deverá ser informada em conta distinta.	A

Código	Descrição / Título da Conta	Orientações	Tipo de conta
3.01.01.01.03.04.00	(–) PIS/PASEP	Contas que registram as contribuições para o PIS/PASEP apurado sobre a receita de vendas em consonância com a legislação vigente à época da ocorrência dos fatos geradores, incidente sobre as receitas das contas integrantes do grupo RECEITA BRUTA. O valor informado deve ser apurado de forma centralizada pelo estabelecimento matriz, quando a pessoa jurídica possuir mais de um estabelecimento (Lei nº 9.779, de 1999, art. 15, III). Não incluir o PIS/PASEP incidente sobre as demais receitas operacionais, que deverá ser informada em conta distinta.	A
3.01.01.01.03.05.00	(–) ISS	Contas que registram o Imposto sobre Serviço de qualquer Natureza (ISS) relativo às receitas de serviços, conforme legislação específica.	A
3.01.01.01.03.06.00	(–) Demais Impostos e Contribuições Incidentes sobre Vendas e Serviços	Contas que registrem os demais impostos e contribuições incidentes sobre as receitas das vendas de que tratam as contas integrantes do grupo RECEITA BRUTA, que guardem proporcionalidade com o preço e sejam considerados redutores das receitas de vendas.	A
3.01.01.03	CUSTO DOS BENS E SERVIÇOS VENDIDOS		S
3.01.01.03.01	CUSTO DOS PRODUTOS DE FABRICAÇÃO PRÓPRIA VENDIDOS		S
3.01.01.03.01.00.00	Custo dos Produtos de Fabricação Própria Vendidos		A
3.01.01.03.01.01.00	Estoques no Início do Período de Apuração	Contas que registram os estoques de insumos, de produtos em elaboração e de produtos acabados existentes no início do período de apuração.	A
3.01.01.03.01.02.00	Compras de Insumos a vista	Contas que registram as aquisições a vista, durante o período de apuração, de matéria-prima, material secundário e material de embalagem, no mercado interno e externo, para utilização no processo produtivo, os valores referentes aos custos com transporte e seguro até o estabelecimento do contribuinte, os tributos não recuperáveis devidos na importação e o custo relativo ao desembaraço aduaneiro.	A

Código	Descrição / Título da Conta	Orientações	Tipo de conta
3.01.01.03.01.03.00	Compras de Insumos a Prazo	Contas que registram as aquisições a prazo, durante o período de apuração, de matéria-prima, material secundário e material de embalagem, no mercado interno e externo, para utilização no processo produtivo, os valores referentes aos custos com transporte e seguro até o estabelecimento do contribuinte, os tributos não recuperáveis devidos na importação e o custo relativo ao desembaraço aduaneiro.	A
3.01.01.03.01.04.00	Remuneração a Dirigentes de Indústria	Contas que registram: a) a remuneração mensal e fixa dos dirigentes diretamente ligados à produção, pelo valor total do custo incorrido no período de apuração, exceto os encargos sociais (Previdência Social e FGTS) que são informados em conta distinta; b) o valor relativo aos custos incorridos com salários indiretos concedidos pela empresa a administradores, diretores, gerentes e seus assessores, se ligados diretamente à produção (PN Cosit nº 11, de 30 de setembro de 1992). Atenção: deve ser incluído nessa conta o valor das gratificações dos dirigentes ligados à produção, inclusive o 13º salário.	A
3.01.01.03.01.05.00	Custo do Pessoal Aplicado na Produção	Contas que representem o custo com ordenados, salários e outros custos com empregados ligados à produção da empresa, tais como: seguro de vida, contribuições ao plano PAIT, custos com programa de previdência privada, contribuições para os Fundos de Aposentadoria Programada Individual (Fapi), e outras de caráter remuneratório. Inclusive os custos com supervisão direta, manutenção e guarda das instalações, decorrentes de vínculo empregatício com a pessoa jurídica.	A
3.01.01.03.01.06.00	Encargos Sociais – Previdência Social	Contas que registram as contribuições para a Previdência Social (inclusive dos dirigentes de indústria – PN CST nº 35, de 31 de agosto de 1981), relativas ao pessoal ligado diretamente à produção.	A
3.01.01.03.01.07.00	Encargos Sociais – FGTS	Contas que registram as contribuições para o FGTS (inclusive dos dirigentes de indústria – PN CST nº 35, de 31 de agosto de 1981), relativas ao pessoal ligado diretamente à produção.	A
3.01.01.03.01.08.00	Encargos Sociais – Outros	Contas que registram encargos sociais, relativos ao pessoal ligado diretamente à produção, não classificados nas contas Encargos Sociais – Previdência Social e Encargos Sociais – FGTS.	A

Código	Descrição / Título da Conta	Orientações	Tipo de conta
3.01.01.03.01.09.00	Alimentação do Trabalhador	Contas que registram os custos com alimentação do pessoal ligado diretamente à produção, realizados durante o período de apuração, ainda que a pessoa jurídica não tenha Programa de Alimentação do Trabalhador aprovado pelo Ministério do Trabalho.	A
3.01.01.03.01.10.00	Manutenção e Reparo de Bens Aplicados na Produção	Contas que representam somente os custos realizados com reparos que não implicaram aumento superior a um ano da vida útil prevista no ato da aquisição do bem.	A
3.01.01.03.01.11.00	Arrendamento Mercantil	Contas que representam o valor do custo incorrido a título de contraprestação de arrendamento mercantil de bens alocados na produção, segundo contratos celebrados com observância da Lei nº 6.099, de 12 de setembro de 1974, com as alterações da Lei nº 7.132, de 26 de outubro de 1983. Os custos com aluguel de outros bens alocados à produção, mediante contrato diferente do de arrendamento mercantil, devem ser indicados em "Outros Custos". Os valores referentes a bens que não sejam intrinsecamente relacionados com a produção devem ser informados na conta Arrendamento Mercantil do grupo DESPESAS OPERACIONAIS DAS ATIVIDADES EM GERAL.	A
3.01.01.03.01.12.00	Encargos de Depreciação, Amortização e Exaustão	Contas que registram os encargos a esses títulos com bens aplicados diretamente na produção. Os encargos que não forem decorrentes de bens intrinsecamente relacionados com a produção devem ser informados na conta Encargos de Depreciação e Amortização do grupo DESPESAS OPERACIONAIS DAS ATIVIDADES EM GERAL.	A
3.01.01.03.01.13.00	Constituição de Provisões	Contas que registram os encargos com a constituição de provisões que devam ser imputados aos custos de produção da empresa no período de apuração.	A
3.01.01.03.01.14.00	Serviços Prestados por Pessoa Física sem Vínculo Empregatício	Contas que registram, salvo se houver conta mais específica nesse plano referencial, os custos correspondentes aos serviços prestados à pessoa jurídica por pessoa física sem vínculo empregatício, relacionados com a atividade industrial da pessoa jurídica.	A
3.01.01.03.01.15.00	Serviços Prestados Pessoa Jurídica	Contas que registram, salvo se houver conta mais específica nesse plano referencial, os custos correspondentes aos serviços prestados por pessoa jurídica, relacionados com atividade industrial da pessoa jurídica declarante.	A

Código	Descrição / Título da Conta	Orientações	Tipo de conta
3.01.01.03.01.16.00	*Royalties* e Assistência Técnica – país	Contas que registram as importâncias pagas a beneficiário pessoa física ou jurídica, residente ou domiciliado no Brasil, a título de *royalties* e assistência técnica, científica ou assemelhada, que estejam relacionadas com a atividade industrial.	A
3.01.01.03.01.17.00	*Royalties* e Assistência Técnica – exterior	Contas que registram as importâncias pagas a beneficiário pessoa física ou jurídica, residente ou domiciliado no exterior, a título de *royalties* e assistência técnica, científica ou assemelhada, que estejam relacionadas com a atividade industrial.	A
3.01.01.03.01.18.00	Outros Custos	Contas que representam os demais custos da empresa no processo de produção, para os quais não haja conta mais específica ou cujas classificações contábeis não se adaptem à nomenclatura específica, tais como: custo referente ao valor de bens de consumo eventual; as quebras ou perdas de estoque, e as ocorridas na fabricação, no transporte e manuseio.	A
3.01.01.03.01.19.00	(–) Estoques no Final do Período de Apuração	Contas que representam o valor total dos estoques existentes no final do período de apuração, conforme a seguir: a) os estoques relativos aos insumos devem ser avaliados com exclusão dos impostos e contribuições recuperáveis, observadas as disposições da legislação pertinente; b) os estoques de produtos em elaboração devem ser avaliados com exclusão dos impostos e contribuições recuperáveis. O contribuinte que mantiver sistema de contabilidade de custo integrado e coordenado com o restante da escrituração pode utilizar os custos nele apurados para avaliação dos estoques de produtos em fabricação. Em caso negativo, tais estoques devem ser avaliados segundo o disposto no art. 296 do Decreto nº 3.000, de 1999, hipótese em que o valor de uma unidade em fabricação é avaliada: b.1) pela soma dos produtos obtidos mediante a multiplicação da quantidade de cada matéria-prima agregada por uma vez e meia o maior custo dessa matéria-prima no período de apuração; ou b.2) em 80% (oitenta por cento) do valor do produto acabado que tiver sido avaliado em 70% (setenta por cento) do maior preço de venda, sem exclusão do ICMS, no período de apuração. Os critérios de avaliação acima referidos devem ser observados na escrituração da empresa.	A

Código	Descrição / Título da Conta	Orientações	Tipo de conta
		c) os estoques de produtos acabados de fabricação própria devem ser inventariados no último dia do período de apuração. Se a empresa mantiver sistema de contabilidade de custo integrado e coordenado com o restante da escrituração pode utilizar os custos nele apurados para avaliação dos estoques de produtos acabados. Caso contrário, deverá observar, na contabilidade, a avaliação desses estoques tomando por base 70% (setenta por cento) do maior preço de venda do produto durante o período de apuração, sem exclusão do ICMS.	
3.01.01.03.03	CUSTO DAS MERCADORIAS REVENDIDAS		S
3.01.01.03.03.00.00	Custo das Mercadorias Revendidas		A
3.01.01.03.03.01.00	Estoques no Início do Período de Apuração	Contas que registram os estoques de mercadorias para revenda existentes no início do período de apuração.	A
3.01.01.03.03.02.00	Compras de Mercadorias a vista	Contas que representam: a) o valor das mercadorias adquiridas a vista, no período de apuração, e destinadas à revenda; b) valor das mercadorias para revenda importadas do exterior pela própria pessoa jurídica. Quando for o caso, devem ser adicionados ao valor das compras de mercadorias os custos com transporte e seguro dessas mercadorias até o estabelecimento do contribuinte, os tributos não recuperáveis devidos na importação e o custo relativo ao desembaraço aduaneiro. Atenção: não devem ser informados os valores relativos a transferências de mercadorias entre matriz e filiais e entre filiais.	A
3.01.01.03.03.03.00	Compras de Mercadorias a prazo	Contas que representam: a) o valor das mercadorias adquiridas a prazo, no período de apuração, e destinadas à revenda; b) valor das mercadorias para revenda importadas do exterior pela própria pessoa jurídica. Quando for o caso, devem ser adicionados ao valor das compras de mercadorias os custos com transporte e seguro dessas mercadorias até o estabelecimento do contribuinte, os tributos não recuperáveis devidos na importação e o custo relativo ao desembaraço aduaneiro.	A

Código	Descrição / Título da Conta	Orientações	Tipo de conta
		Atenção: não devem ser informados os valores relativos a transferências de mercadorias entre matriz e filiais e entre filiais.	
3.01.01.03.03.04.00	(–) Estoques no Final do Período de Apuração	Contas que registram os estoques de mercadorias para revenda existentes na data de encerramento do período de apuração.	A
3.01.01.03.05	CUSTO DOS SERVIÇOS VENDIDOS		S
3.01.01.03.05.00.00	Custo dos Serviços Vendidos		A
3.01.01.03.05.01.00	Saldo Inicial de Serviços em Andamento	Contas que registram os serviços não acabados constantes do balanço correspondente ao período de apuração imediatamente anterior.	A
3.01.01.03.05.02.00	Material Aplicado na Produção dos Serviços	Contas correspondentes aos materiais aplicados diretamente na produção dos serviços durante o período de apuração.	A
3.01.01.03.05.03.00	Remuneração de Dirigentes de Produção dos Serviços	Contas que registram: a) a remuneração mensal e fixa dos dirigentes diretamente ligados à produção dos serviços pelo valor total do custo incorrido no período de apuração, exceto os encargos sociais (Previdência Social e FGTS) que são informados em conta distinta; b) o valor relativo aos custos incorridos com salários indiretos concedidos pela empresa a administradores, diretores, gerentes e seus assessores, se ligados diretamente à produção (PN Cosit nº 11, de 30 de setembro de 1992). Atenção: deve ser incluído nessa conta o valor das gratificações dos dirigentes ligados à produção, inclusive o 13º salário.	A
3.01.01.03.05.04.00	Custo do Pessoal Aplicado na Produção dos Serviços	Contas que registram os custos com mão de obra com vínculo empregatício aplicada diretamente na produção dos serviços.	A
3.01.01.03.05.05.00	Serviços Prestados por Pessoa Física sem Vínculo Empregatício	Contas que registram, salvo se houver conta mais específica nesse plano referencial, os custos correspondentes aos serviços prestados à pessoa jurídica por pessoa física sem vínculo empregatício, relacionados com a atividade de prestação de serviços da empresa.	A
3.01.01.03.05.06.00	Serviços Prestados Pessoa Jurídica	Contas que registram, salvo se houver conta mais específica nesse plano referencial, os custos correspondentes aos serviços prestados por pessoa jurídica à pessoa jurídica declarante, relacionados com sua atividade de prestação de serviços.	A

Código	Descrição / Título da Conta	Orientações	Tipo de conta
3.01.01.03.05.07.00	Encargos Sociais – Previdência Social	Contas que registram as contribuições para a Previdência Social (inclusive dos dirigentes ligados à prestação dos serviços – PN CST nº 35, de 31 de agosto de 1981), relativas ao pessoal ligado diretamente à produção dos serviços.	A
3.01.01.03.05.08.00	Encargos Sociais – FGTS	Contas que registram as contribuições para o FGTS (inclusive dos dirigentes de empresa – PN CST nº 35, de 31 de agosto de 1981), relativas ao pessoal ligado diretamente à produção dos serviços.	A
3.01.01.03.05.09.00	Encargos Sociais – Outros	Contas que registram encargos sociais, relativos ao pessoal ligado diretamente à produção dos serviços, não classificados nas contas Encargos Sociais – Previdência Social e Encargos Sociais – FGTS.	A
3.01.01.03.05.10.00	Alimentação do Trabalhador	Contas que registram os custos com alimentação do pessoal ligado diretamente à produção dos serviços, realizados durante o período de apuração, ainda que a pessoa jurídica não tenha Programa de Alimentação do Trabalhador aprovado pelo Ministério do Trabalho.	A
3.01.01.03.05.11.00	Encargos de Depreciação e Amortização	Contas que registram os encargos a esses títulos com bens aplicados diretamente na produção dos serviços. Os encargos que não forem decorrentes de bens intrinsecamente relacionados com a produção devem ser informados na conta Encargos de Depreciação e Amortização do grupo DESPESAS OPERACIONAIS DAS ATIVIDADES EM GERAL.	A
3.01.01.03.05.12.00	Arrendamento Mercantil	Contas que representam o valor do custo incorrido a título de contraprestação de arrendamento mercantil de bens alocados na produção dos serviços, segundo contratos celebrados com observância da Lei nº 6.099, de 12 de setembro de 1974, com as alterações da Lei nº 7.132, de 26 de outubro de 1983. Os custos com aluguel de outros bens alocados à produção, mediante contrato diferente do de arrendamento mercantil, devem ser indicados em "Outros Custos". Os valores referentes a bens que não sejam intrinsecamente relacionados com a produção devem ser informados na conta Arrendamento Mercantil do grupo DESPESAS OPERACIONAIS DAS ATIVIDADES EM GERAL.	A
3.01.01.03.05.13.00	Constituição de Provisões	Contas que registram os encargos com a constituição de provisões que devam ser imputados aos custos de produção da empresa no período de apuração.	A

Código	Descrição / Título da Conta	Orientações	Tipo de conta
3.01.01.03.05.14.00	*Royalties* e Assistência Técnica – país	Contas que registram as importâncias pagas a beneficiário pessoa física ou jurídica, residente ou domiciliado no Brasil, a título de *royalties* e assistência técnica, científica ou assemelhada, que estejam relacionadas com a atividade de prestação de serviços.	A
3.01.01.03.05.15.00	*Royalties* e Assistência Técnica – exterior	Contas que registram as importâncias pagas a beneficiário pessoa física ou jurídica, residente ou domiciliadas no exterior, a título de *royalties* e assistência técnica, científica ou assemelhada, que estejam relacionadas com a atividade de prestação de serviços.	A
3.01.01.03.05.16.00	Outros Custos	Contas que representam os demais custos da empresa no processo de produção dos serviços, para os quais não haja conta mais específica ou cujas classificações contábeis não se adaptem à nomenclatura específica, tais como: custo referente ao valor de bens de consumo eventual; as quebras ou perdas de estoque, e as ocorridas na fabricação, no transporte e manuseio.	A
3.01.01.03.05.17.00	(–) Saldo Final de Serviços em Andamento	Contas que representam os serviços não acabados e não faturados constantes do balanço correspondente ao período de apuração.	A
3.01.01.03.07	CUSTO DAS UNIDADES IMOBILIÁRIAS VENDIDAS		S
3.01.01.03.07.01.00	Custo das Unidades Imobiliárias Vendidas	Contas que registram, na empresa que tiver por objeto a compra de imóveis para venda ou que promover empreendimento de desmembramento ou loteamento de terrenos, incorporação imobiliária ou construção de prédio destinado à venda, os valores dos custos correspondentes às unidades imobiliárias vendidas apropriados ao resultado do período de apuração. A recuperação de custos do próprio período é computada no montante a ser indicado nessa conta. Os custos recuperados correspondentes a períodos de apuração anteriores devem ser indicados na conta Receita das Unidades Imobiliárias Vendidas.	A
3.01.01.03.09	AJUSTES DE ESTOQUES DECORRENTES DE ARBITRAMENTO		S

Código	Descrição / Título da Conta	Orientações	Tipo de conta
3.01.01.03.09.01.00	Ajustes de Estoques Decorrentes de Arbitramento	Contas que, na pessoa jurídica submetida à apuração anual do imposto e que teve seu lucro arbitrado em um ou mais trimestres do ano-calendário, representam o valor, positivo ou negativo, correspondente à diferença entre os estoques iniciais do período imediatamente subsequente ao arbitramento e os estoques finais do período imediatamente anterior ao arbitramento. Caso haja arbitramento em mais de um trimestre do ano-calendário, não consecutivo, as contas devem representar a soma algébrica das diferenças apuradas em relação a cada período arbitrado.	A
3.01.01.05	OUTRAS RECEITAS OPERACIONAIS		S
3.01.01.05.01	OUTRAS RECEITAS OPERACIONAIS		S
3.01.01.05.01.01.00	Variações Cambiais Ativas	Contas que registram os ganhos apurados em razão de variações ativas decorrentes da atualização dos direitos de crédito e obrigações, calculados com base nas variações nas taxas de câmbio. Atenção: 1) As variações cambiais ativas decorrentes dos direitos de crédito e de obrigações, em função da taxa de câmbio, são consideradas como receita financeira, inclusive para fins de cálculo do lucro da exploração (Lei nº 9.718, art. 9º c/c art. 17); 2) Nas atividades de compra e venda, loteamento, incorporação e construção de imóveis, as variações cambiais ativas são reconhecidas como receita segundo as normas constantes da IN SRF nº 84/79, de 20 de dezembro de 1979, da IN SRF nº 23/83, de 25 de março de 1983, e da IN SRF nº 67/88, de 21 de abril de 1988 (IN SRF nº 25/99, de 25 de fevereiro de 1999).	A
3.01.01.05.01.02.00	Ganhos Auferidos no Mercado de Renda Variável, exceto *day-trade*	Contas que registram: a) o somatório dos ganhos auferidos, em cada mês do período de apuração, em operações realizadas nas bolsas de valores, de mercadorias, de futuros e assemelhadas, existentes no País; b) os ganhos auferidos nas alienações, fora de bolsa, de ouro, ativo financeiro, e de participações societárias, exceto as alienações de participações societárias permanentes em sociedades coligadas e controladas e de participações societárias que permanecerem no ativo da pessoa jurídica até o término do ano-calendário seguinte ao de suas aquisições;	A

Código	Descrição / Título da Conta	Orientações	Tipo de conta
		c) os rendimentos auferidos em operações de *swap* e no resgate de quota de fundo de investimento cujas carteiras sejam constituídas, no mínimo, por 67% (sessenta e sete por cento) de ações no mercado a vista de bolsa de valores ou entidade assemelhada (Lei nº 9.532, de 1997, art. 28, alterado pela MP nº 1.636, de 1998, art. 2º, e reedições). Considera-se ganho o resultado positivo auferido nas operações citadas acima, realizadas em cada mês, admitida a dedução dos custos e despesas incorridos, necessários à realização das operações. Atenção: 1) Os ganhos auferidos em operações *day-trade* devem ser informados em conta específica. 2) O valor correspondente às perdas incorridas no mercado de renda variável, exceto *day-trade*, deve ser informado em conta específica. 3) São consideradas assemelhadas às bolsas de valores, de mercadorias e de futuros as entidades cujo objeto social seja análogo ao das referidas bolsas e que funcionem sob a supervisão e fiscalização da Comissão de Valores Mobiliários (CVM).	
3.01.01.05.01.03.00	Ganhos em Operações *day-trade*	Contas que registram os ganhos diários auferidos, em cada mês do período de apuração, em operações *day-trade*. Considera-se ganho o resultado positivo auferido nas operações citadas acima, realizadas em cada mês, admitida a dedução dos custos e despesas incorridos, necessários à realização das operações. Não se caracteriza como *day-trade* o exercício da opção e a venda ou compra do ativo no mercado a vista, no mesmo dia. Também não se caracterizam como *day-trade* as operações iniciadas por intermédio de uma instituição e encerradas em outra, quando houver a liquidação física mediante movimentação de títulos ou valores mobiliários em custódia. Atenção: o valor correspondente às perdas incorridas nas operações *day-trade* deve ser informado em conta específica.	A
3.01.01.05.01.04.00	Receitas de Juros sobre o Capital Próprio	Contas que registram os juros recebidos, a título de remuneração do capital próprio, em conformidade com o art. 9º da Lei nº 9.249, de 1995. O valor informado deve corresponder ao total dos juros recebidos antes do desconto do imposto de renda na fonte. O valor do imposto de renda retido na	A

Código	Descrição / Título da Conta	Orientações	Tipo de conta
		fonte, para as pessoas jurídicas tributadas pelo lucro real, é considerado antecipação do imposto devido no encerramento do período de apuração ou, ainda, pode ser compensado com aquele que for retido, pela beneficiária, por ocasião do pagamento ou crédito de juros a título de remuneração do capital próprio, ao seu titular ou aos seus sócios.	
3.01.01.05.01.05.00	Outras Receitas Financeiras	Contas que registram receitas auferidas no período de apuração relativas a juros, descontos, lucro na operação de reporte, prêmio de resgate de títulos ou debêntures e rendimento nominal auferido em aplicações financeiras de renda fixa, não incluídas nas contas precedentes desse grupo. As receitas dessa natureza, derivadas de operações com títulos vencíveis após o encerramento do período de apuração, serão rateadas segundo o regime de competência. Atenção: 1) As variações monetárias ativas decorrentes da atualização dos direitos de crédito e das obrigações, em função de índices ou coeficientes aplicáveis por disposição legal ou contratual, devem ser informadas como receita financeira; 2) As variações cambiais ativas devem ser informadas na conta Variações Cambiais Ativas.	A
3.01.01.05.01.06.00	Ganhos na Alienação de Participações Não Integrantes do Ativo Permanente	Contas que registram os ganhos auferidos na alienação de ações, títulos ou quotas de capital não integrantes do ativo permanente, desde que não incluídos na conta Ganhos Auferidos no Mercado de Renda Variável, exceto *Day-trade*.	A
3.01.01.05.01.07.00	Resultados Positivos em Participações Societárias	Contas que registram: a) os lucros e dividendos derivados de investimentos avaliados pelo custo de aquisição; b) os ganhos por ajustes no valor de investimentos relevantes avaliados pelo método da equivalência patrimonial, decorrentes de lucros apurados nas controladas e coligadas. Atenção: considera-se controlada a filial, a agência, a sucursal, a dependência ou o escritório de representação no exterior, sempre que os respectivos ativos e passivos não estejam incluídos na contabilidade da investidora, por força de normatização específica. c) as bonificações recebidas.	

Código	Descrição / Título da Conta	Orientações	Tipo de conta
		Atenção: c.1) as bonificações recebidas, decorrentes da incorporação de lucros ou reservas não tributados na forma do art. 35 da Lei nº 7.713, de 1988, ou apurados nos anos-calendário de 1994 ou 1995, são consideradas a custo zero, não afetando o valor do investimento nem o resultado do período de apuração (art. 3º da Lei nº 8.849, de 1994, e art. 3º da Lei nº 9.064, de 1995). c.2) o caso de investimento avaliado pelo custo de aquisição, as bonificações recebidas, decorrentes da incorporação de lucros ou reservas tributados na forma do art. 35 da Lei nº 7.713, de 1988, e de lucros ou reservas apurados no ano-calendário de 1993 ou a partir do ano-calendário de 1996, são registradas tomando-se como custo o valor da parcela dos lucros ou reservas capitalizados. d) os lucros e dividendos de participações societárias avaliadas pelo custo de aquisição; Atenção: os lucros ou dividendos recebidos em decorrência de participações societárias avaliadas pelo custo de aquisição adquiridas até 6 (seis) meses antes da data do recebimento devem ser registrados como diminuição do valor do custo, não sendo incluídos nessa conta. e) os resultados positivos decorrentes de participações societárias no exterior avaliadas pelo patrimônio líquido, os dividendos de participações avaliadas pelo custo de aquisição e os resultados de equivalência patrimonial relativos a filiais, sucursais ou agências da pessoa jurídica localizadas no exterior, em decorrência de operações realizadas naquelas filiais, sucursais ou agências. Os lucros auferidos no exterior serão adicionados ao lucro líquido, para efeito de determinação do lucro real, no período de apuração correspondente ao balanço levantado em 31 de dezembro do ano-calendário em que tiverem sido disponibilizados, observando-se o disposto nos arts. 394 e 395 do Decreto nº 3.000, de 1999, e no art. 74 da Medida Provisória nº 2.158-35, de 24 de agosto de 2001.	A
3.01.01.05.01.07.10	Amortização de Deságio nas Aquisições de Investimentos Avaliados pelo Patrimônio Líquido	Contas que registram as amortizações de deságios nas aquisições de investimentos avaliados pelo patrimônio líquido. O valor amortizado que for excluído do lucro líquido para determinação do lucro real deve ser controlado na Parte B do Livro de Apuração do Lucro Real até a alienação ou baixa	

Código	Descrição / Título da Conta	Orientações	Tipo de conta
		da participação societária, quando, então, deve ser adicionado ao lucro líquido para determinação do lucro real no período de apuração em que for computado o ganho ou perda de capital havido.	A
3.01.01.05.01.08.00	Resultados Positivos em SCP	Conta utilizada pelas pessoas jurídicas que forem sócias ostensivas de sociedades em conta de participação, para o registro: a) de lucros derivados de participação em SCP, avaliadas pelo custo de aquisição; b) dos ganhos por ajustes no valor de participação em SCP, avaliados pelo método da equivalência patrimonial. Atenção: os lucros recebidos de investimento em SCP, avaliado pelo custo de aquisição, ou a contrapartida do ajuste do investimento ao valor do patrimônio líquido da SCP, no caso de investimento avaliado por esse método, podem ser excluídos na determinação do lucro real dos sócios, pessoas jurídicas, das referidas sociedades (Decreto nº 3.000, de 1999, art. 149).	A
3.01.01.05.01.09.00	Rendimentos e Ganhos de Capital Auferidos no Exterior	Contas que registram os rendimentos e ganhos de capital auferidos no exterior diretamente pela pessoa jurídica domiciliada no Brasil, pelos seus valores antes de descontado o tributo pago no país de origem. Esses valores podem, no caso de apuração trimestral do imposto, ser excluídos na apuração do lucro real do 1º ao 3º trimestres, devendo ser adicionados ao lucro líquido na apuração do lucro real referente ao 4º trimestre. Atenção: Os ganhos de capital referentes a alienações de bens e direitos do ativo permanente situados no exterior devem ser informados na conta Outras Receitas Não Operacionais.	A
3.01.01.05.01.10.00	Reversão dos Saldos das Provisões Operacionais	Contas que registram a reversão de saldos não utilizados das provisões constituídas no balanço do período de apuração imediatamente anterior para fins de apuração do lucro real (Lei nº 9.430, de 1996, art. 14).	A
3.01.01.05.01.10.10	Prêmios Recebidos na Emissão de Debêntures	Contas que registram, a partir de 01.01.2008, os prêmios recebidos na emissão de debêntures.	A
3.01.01.05.01.10.20	Doações e Subvenções para Investimentos	Contas que registram, a partir de 01.01.2008, as doações e subvenções para investimento.	A
3.01.01.05.01.10.30	Contrapartida dos Ajustes ao Valor Presente	Contrapartida do ajuste ao valor presente dos elementos do ativo e do passivo (art. 183, inciso VIII, e art. 184, inciso III da Lei nº 6.404/76)	A

Código	Descrição / Título da Conta	Orientações	Tipo de conta
3.01.01.05.01.10.40	Contrapartida de outros Ajustes às Normas Internacionais de Contabilidade	Contrapartida de outros ajustes decorrentes da adequação às Normas Internacionais de Contabilidade	A
3.01.01.05.01.11.00	Outras Receitas Operacionais	Contas que registram todas as demais receitas que, por definição legal, sejam consideradas operacionais, tais como: a) aluguéis de bens por empresa que não tenha por objeto a locação de móveis e imóveis; b) recuperações de despesas operacionais de períodos de apuração anteriores, tais como: prêmios de seguros, importâncias levantadas das contas vinculadas do FGTS, ressarcimento de desfalques, roubos e furtos etc. As recuperações de custos e despesas no decurso do próprio período de apuração devem ser creditadas diretamente às contas de resultado em que foram debitadas; c) os créditos presumidos do IPI para ressarcimento do valor da Contribuição ao PIS/Pasep e Cofins; d) multas ou vantagens a título de indenização em virtude de rescisão contratual (Lei nº 9.430, de 1996, art. 70, § 3º, II); e) o crédito presumido da contribuição para o PIS/PASEP e da COFINS concedido na forma do art. 3º da Lei nº 10.147, de 2000.	A
3.01.01.07	DESPESAS OPERACIONAIS		S
3.01.01.07.01	DESPESAS OPERACIONAIS DAS ATIVIDADES EM GERAL		S
3.01.01.07.01.01.00	Remuneração a Dirigentes e a Conselho de Administração	Contas que registram a despesa incorrida relativa à remuneração mensal e fixa atribuída ao titular de firma individual, aos sócios, diretores e administradores de sociedades, ou aos representantes legais de sociedades estrangeiras, as despesas incorridas com os salários indiretos concedidos pela empresa a administradores, diretores, gerentes e seus assessores (PN Cosit nº 11, de 1992), e o valor referente às remunerações atribuídas aos membros do conselho fiscal/administração/consultivo.	A

Código	Descrição / Título da Conta	Orientações	Tipo de conta
3.01.01.07.01.02.00	Ordenados, Salários, Gratificações e Outras Remunerações a Empregados	Contas que registram as despesas com ordenados, salários, gratificações e outras despesas com empregados, tais como: comissões, moradia, seguro de vida, contribuições pagas ao plano PAIT, despesas com programa de previdência privada, contribuições para os Fundos de Aposentadoria Programada Individual (FAPI), e outras de caráter remuneratório. Atenção: 1) As despesas correspondentes a salários, ordenados, gratificações e outras remunerações referentes à área de saúde, tais como assistência médica, odontológica e farmacêutica, devem ser indicadas na conta Assistência Médica, Odontológica e Farmacêutica a Empregados. 2) Não deve ser informado nessa conta o valor referente às participações dos empregados no lucro da pessoa jurídica. Esse valor deve ser informado na conta Participações de Empregados.	A
3.01.01.07.01.02.01	Ordenados, Salários Gratificações e Outras Remunerações a Empregados	Contas que registram as despesas com ordenados, salários, gratificações e outras despesas com empregados, tais como: comissões, moradia, seguro de vida e outras de caráter remuneratório. Atenção: 1) As despesas correspondentes a salários, ordenados, gratificações e outras remunerações referentes à área de saúde, tais como assistência médica, odontológica e farmacêutica, devem ser indicadas na conta específica. 2) Não deve ser informado nessa conta o valor referente às participações dos empregados no lucro da pessoa jurídica. Esse valor deve ser informado na conta Participações de Empregados.	A
3.01.01.07.01.02.03	Planos de Poupança e Investimentos de Empregados	Contas que registram o valor total dos gastos efetuados com Planos de Poupança e Investimentos (PAIT).	A
3.01.01.07.01.02.05	Fundo de Aposentadoria Programada Individual de Empregados	Contas que registram o valor total dos gastos efetuados com Fundos de Aposentadoria Programada Individual (FAPI).	A
3.01.01.07.01.02.07	Plano de Previdência Privada de Empregados	Contas que registram o valor total dos gastos efetuados com Planos de Previdência Privada.	A

Código	Descrição / Título da Conta	Orientações	Tipo de conta
3.01.01.07.01.02.09	Outros Gastos com Pessoal	Contas que registram os gastos com empregados não enquadrados nas contas precedentes. Atenção: 1) As despesas correspondentes a salários, ordenados, gratificações e outras remunerações referentes à área de saúde, tais como assistência médica, odontológica e farmacêutica, devem ser indicadas na conta Assistência Médica, Odontológica e Farmacêutica a Empregados; 2) Não deve ser informado nessa conta o valor referente às participações dos empregados no lucro da pessoa jurídica. Esse valor deve ser informado na conta Participações de Empregados.	A
3.01.01.07.01.03.00	Prestação de Serviços por Pessoa Física sem Vínculo Empregatício	Contas que registram, salvo se houver conta mais específica, as despesas correspondentes aos serviços prestados por pessoa física que não tenha vínculo empregatício com a pessoa jurídica, tais como: comissões, corretagens, gratificações, honorários, direitos autorais e outras remunerações, inclusive as relativas a empreitadas de obras exclusivamente de trabalho e as decorrentes de fretes e carretos em geral.	A
3.01.01.07.01.04.00	Prestação de Serviço Pessoa Jurídica	Contas que registram, salvo se houver conta mais específica, o valor das despesas correspondentes aos serviços prestados por outra pessoa jurídica à pessoa jurídica declarante.	A
3.01.01.07.01.04.01	Serviços Prestados por Cooperativa de Trabalho	Contas que registram os serviços prestados por cooperativa de trabalho.	A
3.01.01.07.01.04.02	Locação de mão de obra	Contas que registram o valor total dos gastos efetuados no período com a contratação de serviços executados mediante cessão de mão de obra ou empreitada, inclusive em regime temporário, sujeitos à retenção de contribuição previdenciária, nos termos do art. 219 do Regulamento da Previdência Social – RPS, aprovado pelo Decreto nº 3.048, de 1999.	A
3.01.01.07.01.05.00	Encargos Sociais – Previdência Social	Contas que registram as contribuições para a Previdência Social, não computadas nos custos (inclusive dos dirigentes – PN CST nº 35, de 31 de agosto de 1981).	A
3.01.01.07.01.06.00	Encargos Sociais – FGTS	Contas que registram as contribuições para a o FGTS, não computadas nos custos (inclusive dos dirigentes – PN CST nº 35, de 31 de agosto de 1981).	A

Código	Descrição / Título da Conta	Orientações	Tipo de conta
3.01.01.07.01.07.00	Encargos Sociais – Outros	Contas que registram os demais encargos sociais, não computados nos custos ou nas contas Encargos Sociais – Previdência Social ou Encargos Sociais – FGTS	A
3.01.01.07.01.08.00	Doações e Patrocínios de Caráter Cultural e Artístico (Lei nº 8.313/1991)	Contas que registram as doações e patrocínios efetuados no período de apuração em favor de projetos culturais previamente aprovados pelo Ministério da Cultura ou pela Agência Nacional do Cinema (Ancine), observada a legislação de concessão dos projetos.	A
3.01.01.07.01.09.00	Doações a Instituições de Ensino e Pesquisa (Lei nº 9.249/1995, art. 13, § 2º)	Contas que registram as doações a instituições de ensino e pesquisa cuja criação tenha sido autorizada por lei federal e que preencham os requisitos dos incisos I e II do art. 213 da Constituição Federal, de 1988, que são: a) comprovação de finalidade não lucrativa e aplicação dos excedentes financeiros em educação; b) assegurar a destinação do seu patrimônio a outra escola comunitária, filantrópica ou confessional, ou ao Poder Público, no caso de encerramento de suas atividades.	A
3.01.01.07.01.10.00	Doações a Entidades Civis	Contas que registram as doações efetuadas a: a) entidades civis, legalmente constituídas no Brasil, sem fins lucrativos, que prestem serviços gratuitos em benefício de empregados da pessoa jurídica doadora, e respectivos dependentes, ou em benefício da comunidade na qual atuem; b) Organizações da Sociedade Civil de Interesse Público (OSCIP), qualificadas segundo as normas estabelecidas na Lei nº 9.790, de 23 de março de 1999.	A
3.01.01.07.01.11.00	Outras Contribuições e Doações	Contas que registram as doações feitas, entre outras, aos Fundos controlados pelos Conselhos Municipais, Estaduais e Nacional dos Direitos da Criança e do Adolescente.	A
3.01.01.07.01.12.00	Alimentação do Trabalhador	Contas que registram as despesas com alimentação do pessoal não ligado à produção, realizadas durante o período de apuração, ainda que a pessoa jurídica não tenha Programa de Alimentação do Trabalhador aprovado pelo Ministério do Trabalho.	A
3.01.01.07.01.13.00	PIS/PASEP	Contas que registram as Contribuições para o PIS/PASEP incidente sobre as demais receitas operacionais.	A

Código	Descrição / Título da Conta	Orientações	Tipo de conta
3.01.01.07.01.14.00	COFINS	Contas que registram a parcela da COFINS incidente sobre as demais receitas operacionais.	A
3.01.01.07.01.15.00	CPMF	Contas que registram a Contribuição Provisória sobre Movimentação ou Transmissão de Valores e de Créditos de Natureza Financeira.	A
3.01.01.07.01.16.00	Demais Impostos, Taxas e Contribuições, exceto IR e CSLL	Contas que registram os demais Impostos, Taxas e Contribuições, exceto: a) incorporadas ao custo de bens do ativo permanente; b) correspondentes aos impostos não recuperáveis, incorporados ao custo das matérias-primas, materiais secundários, materiais de embalagem e mercadorias destinadas à revenda; c) correspondentes aos impostos recuperáveis; d) correspondentes aos impostos e contribuições redutores da receita bruta; e) correspondentes às Contribuições para o PIS/ PASEP e à COFINS incidentes sobre as demais receitas operacionais, e à CPMF, indicados em contas específicas; f) correspondentes à contribuição social sobre o lucro líquido e ao imposto de renda devidos, que são informados em contas específicas.	A
3.01.01.07.01.17.00	Arrendamento Mercantil	Contas que registram as despesas, não computadas nos custos, pagas ou creditadas a título de contraprestação de arrendamento mercantil, decorrentes de contrato celebrado com observância da Lei nº 6.099, de 12 de setembro de 1974, com as alterações da Lei nº 7.132, de 26 de outubro de 1983, e da Portaria MF nº 140, de 1984.	A
3.01.01.07.01.18.00	Aluguéis	Contas que registram as despesas com aluguéis não decorrentes de arrendamento mercantil.	A
3.01.01.07.01.19.00	Despesas com Veículos e de Conservação de Bens e Instalações	Contas que registram as despesas relativas aos bens que não estejam ligados diretamente à produção, as realizadas com reparos que não impliquem aumento superior a um ano da vida útil do bem, prevista no ato de sua aquisição, e as relativas a combustíveis e lubrificantes para veículos.	A
3.01.01.07.01.20.00	Propaganda e Publicidade	Contas que registram as despesas com propaganda e publicidade.	A

Código	Descrição / Título da Conta	Orientações	Tipo de conta
3.01.01.07.01.20.01	Propaganda, Publicidade e Patrocínio (Associações Desportivas que Mantenham Equipe de Futebol Profissional)	Contas que registram as despesas relativas a propaganda, publicidade e patrocínio com associações desportivas que mantenham equipe de futebol profissional e possuam registro na Federação de Futebol do respectivo estado, a título de propaganda, publicidade e patrocínio.	A
3.01.01.07.01.20.02	Propaganda, Publicidade e Patrocínio	Contas que registram propaganda, publicidade, exceto as classificadas na conta precedente.	A
3.01.01.07.01.21.00	Multas	Contas que registram as despesas com multas.	A
3.01.01.07.01.22.00	Encargos de Depreciação e Amortização	Contas que registram apenas os encargos a esses títulos, com bens não aplicados diretamente na produção. Inclui a amortização dos ajustes de variação cambial contabilizada no ativo diferido, relativa à atividade geral da pessoa jurídica.	A
3.01.01.07.01.23.00	Perdas em Operações de Crédito	Contas que registram as perdas no recebimento de créditos decorrentes das atividades da pessoa jurídica.	A
3.01.01.07.01.24.00	Provisões para Férias e 13º Salário de Empregados	Contas que registram as despesas com a constituição de provisões para: a) pagamento de remuneração correspondente a férias e adicional de férias de empregados, inclusive encargos sociais (Decreto nº 3.000, de 1999, art. 337, e PN CST nº 7, de 1980); b) o 13º salário, no caso de apuração trimestral do imposto, inclusive encargos sociais (Decreto nº 3.000, de 1999, art. 338).	A
3.01.01.07.01.25.00	Provisão para Perda de Estoque	Contas que registram as despesas com a constituição de provisão para perda de estoque	A
3.01.01.07.01.26.00	Demais Provisões	Contas que registram as despesas com provisões não relacionadas em contas específicas	A
3.01.01.07.01.27.00	Gratificações a Administradores	Contas que registram as gratificações a administradores.	A
3.01.01.07.01.28.00	*Royalties* e Assistência Técnica – país	Contas que registram as despesas correspondentes às importâncias pagas a beneficiário pessoa física ou jurídica, residente ou domiciliado no Brasil, a título de *royalties* e assistência técnica, científica ou assemelhada, que não estejam relacionados com a produção de bens e/ou serviços.	A

Código	Descrição / Título da Conta	Orientações	Tipo de conta
3.01.01.07.01.29.00	*Royalties* e Assistência Técnica – exterior	Contas que registram as despesas correspondentes às importâncias pagas a beneficiário pessoa física ou jurídica, residente ou domiciliado no exterior, a título de *royalties* e assistência técnica, científica ou assemelhada, que não estejam relacionadas com a produção de bens e/ou serviços.	A
3.01.01.07.01.30.00	Assistência Médica, Odontológica e Farmacêutica a Empregados	Indicar o valor das despesas com assistência médica, odontológica e farmacêutica. Atenção: o valor referente à contratação de serviços de profissionais liberais sem vínculo empregatício ou de sociedades civis deve ser informado nas contas Prestação de Serviços por Pessoa Física sem Vínculo Empregatício ou Prestação de Serviço Pessoa Jurídica, conforme o caso.	A
3.01.01.07.01.31.00	Pesquisas Científicas e Tecnológicas	Contas que registram as despesas efetuadas a esse título, inclusive a contrapartida das amortizações daquelas registradas no ativo diferido.	A
3.01.01.07.01.32.00	Bens de Natureza Permanente Deduzidos como Despesa	Contas que registram as despesas com aquisição de bens do ativo imobilizado cujo prazo de vida útil não ultrapasse um ano, ou, caso exceda esse prazo, tenha valor unitário igual ou inferior ao fixado no art. 301 do Decreto nº 3.000, de 1999.	A
3.01.01.07.01.33.00	Outras Despesas Operacionais	Contas que registram as demais despesas operacionais, cujos títulos não se adaptem à nomenclatura específica desta ficha, tais como: a) contribuição sindical; b) prêmios de seguro; c) fretes e carretos que não componham os custos; d) despesas com viagens, diárias e ajudas de custo; e) transporte de empregados.	A
3.01.01.07.01.33.01	Despesas com viagens, diárias e ajuda de custo	Contas que registram as despesas operacionais com viagens, diárias e ajuda de custo.	A
3.01.01.07.01.33.90	Outras Despesas Operacionais	Contas que registram as demais despesas operacionais, cujos títulos não se adaptem à nomenclatura específica desta ficha, tais como: a) contribuição sindical; b) prêmios de seguro; c) fretes e carretos que não componham os custos; d) transporte de empregados.	A
3.01.01.09	OUTRAS DESPESAS OPERACIONAIS		S

Código	Descrição / Título da Conta	Orientações	Tipo de conta
3.01.01.09.01	OUTRAS DESPESAS OPERACIONAIS		S
3.01.01.09.01.01.00	(–) Variações Cambiais Passivas	Contas que registram as perdas monetárias passivas resultantes da atualização dos direitos de créditos e das obrigações, calculadas com base nas variações nas taxas de câmbio (Lei nº 9.069, de 1995, art. 52, e Lei nº 9.249, de 1995, art. 8º). Inclusive a variação cambial passiva correspondente: a) à atualização das obrigações e dos créditos em moeda estrangeira, registrada em qualquer data e apurada no encerramento do período de apuração em função da taxa de câmbio vigente; b) às operações com moeda estrangeira e conversão de obrigações para moeda nacional, ou novação dessas obrigações, ou sua extinção, total ou parcial, em virtude de capitalização, dação em pagamento, compensação, ou qualquer outro modo, desde que observadas as condições fixadas pelo Banco Central do Brasil. Atenção: a amortização dos ajustes de variação cambial contabilizada no ativo diferido deve ser informada na conta Encargos de Depreciação e Amortização (Lei nº 9.816, de 1999, art. 2º, e Lei nº 10.305, de 2001).	A
3.01.01.09.01.02.00	(–) Perdas Incorridas no Mercado de Renda Variável, exceto *day-trade*	Contas que registram: a) o somatório das perdas incorridas, em cada mês do período de apuração, em operações realizadas nas bolsas de valores, de mercadorias, de futuros e assemelhadas, existentes no País; b) as perdas incorridas nas alienações, fora de bolsa, de ouro, ativo financeiro, e de participações societárias, exceto as alienações de participações societárias permanentes em sociedades coligadas e controladas e de participações societárias que permanecerem no ativo da pessoa jurídica até o término do ano-calendário seguinte ao de suas aquisições; e c) as perdas em operações de *swap* e no resgate de quota de fundo de investimento que mantenha, no mínimo, 67% (sessenta e sete por cento) de ações negociadas no mercado a vista de bolsa de valores ou entidade assemelhada (Lei nº 9.532, de 1997, art. 28, alterado pela MP nº 1.636, de 1998, art. 2º, e reedições). São consideradas assemelhadas às bolsas de valores, de mercadorias e de futuros as entidades cujo objeto social seja análogo ao das	

Código	Descrição / Título da Conta	Orientações	Tipo de conta
		referidas bolsas e que funcionem sob a supervisão e fiscalização da Comissão de Valores Mobiliários (CVM). Atenção: as perdas apuradas em operações *day-trade* devem ser informadas em conta própria.	A
3.01.01.09.01.03.00	(–) Perdas em Operações *day-trade*	Contas que registram o somatório das perdas diárias apuradas, em cada mês do período de apuração, em operações *day-trade*. Não se caracteriza como *day-trade* o exercício da opção e a venda ou compra do ativo no mercado a vista, no mesmo dia. Também não se caracterizam como *day-trade* as operações iniciadas por intermédio de uma instituição e encerradas em outra, quando houver a liquidação física mediante movimentação de títulos ou valores mobiliários em custódia.	A
3.01.01.09.01.04.00	(–) Juros sobre o Capital Próprio	Contas que registram as despesas com juros pagos ou creditados individualizadamente a titular, sócios ou acionistas, a título de remuneração do capital próprio, calculados sobre as contas do patrimônio líquido e limitados à variação, *pro rata* dia, da Taxa de Juros de Longo Prazo (TJLP) observando-se o regime de competência (Lei nº 9.249, de 1995, art. 9º).	A
3.01.01.09.01.05.00	(–) Outras Despesas Financeiras	Contas que registram as despesas relativas a juros, não incluídas em outras contas, a descontos de títulos de crédito e ao deságio na colocação de debêntures ou outros títulos. Tais despesas serão obrigatoriamente rateadas, segundo o regime de competência. Atenção: 1) as variações monetárias passivas decorrentes da atualização das obrigações, em função de índices ou coeficientes aplicáveis por disposição legal ou contratual, devem ser informadas como despesa financeira; 2) as variações cambiais passivas não devem ser informadas nessa conta, e sim na conta Variações Cambiais Passivas.	A
3.01.01.09.01.06.00	(–) Prejuízos na Alienação de Participações Não Integrantes do Ativo Permanente	Contas que registram os prejuízos havidos em virtude de alienação de ações, títulos ou quotas de capital não integrantes do ativo permanente, desde que não incluídos nas contas Perdas Incorridas no Mercado de Renda Variável, exceto *Day-trade* ou Perdas em Operações *Day-trade*.	A

Código	Descrição / Título da Conta	Orientações	Tipo de conta
3.01.01.09.01.07.00	(–) Resultados Negativos em Participações Societárias	Contas que registram as perdas por ajustes no valor de investimentos relevantes avaliados pelo método da equivalência patrimonial, decorrentes de prejuízos apurados nas controladas e coligadas. Atenção: considera-se controlada a filial, a agência, a sucursal, a dependência ou o escritório de representação no exterior, sempre que os respectivos ativos e passivos não estejam incluídos na contabilidade da investidora, por força de normatização específica. Devem, também, ser indicados nessa conta os resultados negativos derivados de participações societárias no exterior, avaliadas pelo patrimônio líquido. Incluem-se, nessas informações, as perdas apuradas em filiais, sucursais e agências da pessoa jurídica localizadas no exterior.	A
3.01.01.09.01.07.10	(–) Amortização de Ágio nas Aquisições de Investimentos Avaliados pelo Patrimônio Líquido	Contas que registram o valor da amortização registrada no período, referente ao ágio nas aquisições de investimentos avaliados pelo método da equivalência patrimonial. Atenção: O valor amortizado deve ser adicionado ao lucro líquido, para determinação do lucro real, e controlado na Parte B do Livro de Apuração do Lucro Real até a alienação ou baixa da participação societária, quando, então, pode ser excluído do lucro líquido, para determinação do lucro real.	A
3.01.01.09.01.08.00	(–) Resultados Negativos em SCP	Conta utilizada pelos sócios ostensivos, pessoas jurídicas, de sociedades em conta de participação, para indicar as perdas por ajustes no valor de participação em SCP, avaliada pelo método da equivalência patrimonial.	A
3.01.01.09.01.09.00	(–) Perdas em Operações Realizadas no Exterior	Contas que registram as perdas em operações realizadas no exterior diretamente pela pessoa jurídica domiciliada no Brasil, com exceção das perdas de capital decorrentes da alienação de bens e direitos do ativo permanente situados no exterior, que devem ser indicadas na conta Outras Despesas Não Operacionais.	A
3.01.01.09.01.10.00	(–) Contrapartida dos Ajustes ao Valor Presente	Contrapartida do ajuste ao valor presente dos elementos do ativo e do passivo (art. 183, inciso VIII, e art. 184, inciso III da Lei nº 6.404/76).	A
3.01.01.09.01.11.00	(–) Contrapartida de outros Ajustes às Normas Internacionais de Contabilidade	Contrapartida de outros ajustes decorrentes da adequação às Normas Internacionais de Contabilidade.	A

Código	Descrição / Título da Conta	Orientações	Tipo de conta
3.01.01.09.01.12.00	(–) Contrapartida dos Ajustes de Valor do Imobilizado e Intangível	Contrapartida dos ajustes decorrentes da análise de recuperação dos valores registrados no imobilizado e no intangível (art. 183, § 3º, da Lei nº 6.404/76)	A
3.01.03	OUTRAS RECEITAS E OUTRAS DESPESAS		S
3.01.03.01	RECEITAS E DESPESAS NÃO OPERACIONAIS		S
3.01.03.01.01	RECEITAS NÃO OPERACIONAIS		S
3.01.03.01.01.01.00	Receitas de Alienações de Bens e Direitos do Ativo Permanente	Contas que registram as receitas auferidas por meio de alienações, inclusive por desapropriação, de bens e direitos do ativo permanente. O valor relativo às receitas obtidas pela venda de sucata e de bens ou direitos do ativo permanente baixados em virtude de terem se tornado imprestáveis, obsoletos ou caído em desuso deve ser informado na conta Outras Receitas Não Operacionais. Os valores correspondentes ao ganho ou perda de capital decorrente da alienação de bens e direitos do ativo permanente situados no exterior devem ser indicados, pelo seu resultado, nas contas Outras Receitas Não Operacionais ou Outras Despesas Não Operacionais, conforme o caso.	A
3.01.03.01.01.01.10	Ganhos de Capital por Variação Percentual em Participação Societária Avaliada pelo Patrimônio Líquido	Contas que registram o ganho de capital resultante de acréscimo, por variação percentual, do valor do patrimônio líquido de investimento avaliado pelo método da equivalência patrimonial. Atenção: Esse valor deve ser excluído do lucro líquido para determinação do lucro real no período de apuração.	A
3.01.03.01.01.02.00	Outras Receitas Não Operacionais	Contas que registram: a) todas as demais receitas decorrentes de operações não incluídas nas atividades principais e acessórias da empresa, tais como: a reversão do saldo da provisão para perdas prováveis na realização de investimentos e a reserva de reavaliação realizada no período de apuração, quando computada em conta de resultado; b) os ganhos de capital por variação na percentagem de participação no capital social de coligada ou controlada, quando o investimento for avaliado pela equivalência patrimonial (Decreto nº 3.000, de 1999, art. 428);	A

Código	Descrição / Título da Conta	Orientações	Tipo de conta
		c) os ganhos de capital decorrentes da alienação de bens e direitos do ativo permanente situados no exterior. Devem ser indicadas tanto as contas que registram as receitas quanto as que registram os custos.	
3.01.03.01.03	DESPESAS NÃO OPERACIONAIS		S
3.01.03.01.03.01.00	(–) Valor Contábil dos Bens e Direitos Alienados	Contas que registram o valor contábil dos bens do ativo permanente baixados no curso do período de apuração cuja receita da venda tenha sido indicada na conta Receitas de Alienações de Bens e Direitos do Ativo Permanente. O valor contábil de bens ou direitos baixados em virtude de terem se tornado imprestáveis, obsoletos ou caído em desuso e o valor contábil de bens ou direitos situados no exterior devem ser informados na conta Outras Despesas Não Operacionais.	A
3.01.03.01.03.01.10	(–) Perdas de Capital por Variação Percentual em Participação Societária Avaliada pelo Patrimônio Líquido	Contas que registram a perda de capital resultante de redução, por variação percentual, do valor do patrimônio líquido de investimento avaliado pelo método da equivalência patrimonial.	A
3.01.03.01.03.02.00	(–) Outras Despesas Não Operacionais	Contas que registram: a) o valor contábil dos bens do ativo permanente baixados no curso do período de apuração não incluídos na conta precedente e a despesa com a constituição da provisão para perdas prováveis na realização de investimentos. Atenção: Sobre a definição de valor contábil, consultar o § 1º do art. 418 e o art. 426 do Decreto nº 3.000, de 1999. b) as perdas de capital por variação na percentagem de participação no capital social de coligada ou controlada no Brasil, quando o investimento for avaliado pela equivalência patrimonial (Decreto nº 3.000, de 1999, art. 428).	A
3.01.05	PARTICIPAÇÕES		S
3.01.05.01	PARTICIPAÇÕES NOS LUCROS		S
3.01.05.01.01	PARTICIPAÇÕES DE EMPREGADOS		S
3.01.05.01.01.01.00	(–) Participações de Empregados	Contas que registram as participações atribuídas a empregados segundo disposição legal, estatutária, contratual ou por deliberação da assembleia de acionistas ou sócios.	A

Código	Descrição / Título da Conta	Orientações	Tipo de conta
3.01.05.01.01.02.00	(–) Contribuições para Assistência ou Previdência de Empregados	Contas que registram as contribuições para instituições ou fundos de assistência ou previdência de empregados, baseadas nos lucros. Não indicar, nessa conta, aquelas contribuições já deduzidas como custo ou despesa operacional.	A
3.01.05.01.01.03.00	(–) Outras Participações de Empregados	Contas que registram outras participações de empregados.	A
3.01.05.01.03	OUTRAS PARTICIPAÇÕES		S
3.01.05.01.03.01.00	(–) Participações de Administradores e Partes Beneficiárias	Contas que registram quaisquer participações nos lucros atribuídas a administradores, sócio, titular de empresa individual e a portadores de partes beneficiárias, durante o período de apuração.	A
3.01.05.01.03.02.00	(–) Participações de Debêntures	Contas que representam as participações nos lucros da companhia atribuídas a debêntures de sua emissão.	A
3.01.05.01.03.03.00	(–) Outras	Contas que registram outras participações.	A
3.02	PROVISÃO PARA CSLL E IRPJ (ATIVIDADES EM GERAL)		S
3.02.01	PROVISÃO PARA CSLL E IRPJ		S
3.02.01.01	PROVISÃO PARA CSLL E IRPJ		S
3.02.01.01.01	PROVISÃO PARA CSLL E IRPJ		S
3.02.01.01.01.01.00	(–) Contribuição Social sobre o Lucro Líquido	Contas que registram as provisões para a CSLL calculadas sobre a base de cálculo correspondente ao período de apuração e sobre os lucros diferidos da atividade geral, se for o caso. A sua constituição é obrigatória para todas as pessoas jurídicas tributadas com base no lucro real. As cooperativas devem informar, nessa conta, a provisão da CSLL sobre os resultados das operações realizadas com os não associados. Atenção: para as empresas com atividades mistas, os valores da CSLL relativos às atividades em geral e atividade rural devem ser informados nas contas específicas de cada atividade ("Atividades em Geral" e "Atividade Rural", respectivamente).	A

Código	Descrição / Título da Conta	Orientações	Tipo de conta
3.02.01.01.01.02.00	(–) Provisão para Imposto de Renda – Pessoa Jurídica	Contas que registram as provisões para o IRPJ calculadas sobre a base de cálculo correspondente ao período de apuração e sobre os lucros diferidos da atividade geral, se for o caso. A sua constituição é obrigatória para todas as pessoas jurídicas tributadas com base no lucro real. As cooperativas devem informar, nessa conta, a provisão para o IRPJ sobre os resultados das operações realizadas com os não associados. Atenção: para as empresas com atividades mistas, os valores do IRPJ relativos às atividades em geral e atividade rural devem ser informados nas contas específicas de cada atividade ("Atividades em Geral" e "Atividade Rural", respectivamente).	A
3.05	RESULTADO ANTES DO IRPJ E DA CSLL – ATIVIDADE RURAL		S
3.05.01	RESULTADO OPERACIONAL DA ATIVIDADE RURAL		S
3.05.01.01	RECEITA OPERACIONAL LÍQUIDA DA ATIVIDADE RURAL		S
3.05.01.01.01	RECEITA BRUTA DA ATIVIDADE RURAL		S
3.05.01.01.01.01.00	Receita da Atividade Rural	Contas que registram a receita da atividade rural.	A
3.05.01.01.03	DEDUÇÕES DA RECEITA BRUTA		S
3.05.01.01.03.01.00	(–) Vendas Canceladas, Devoluções e Descontos Incondicionais	Contas representativas das vendas canceladas, a devoluções de vendas e a descontos incondicionais concedidos sobre receitas constantes da conta Receita da Atividade Rural.	A
3.05.01.01.03.02.00	(–) ICMS	Contas que registram o total do Imposto Sobre Operações Relativas à Circulação de Mercadorias e Sobre Prestação de Serviços de Transporte Interestadual e Intermunicipal e de Comunicação (ICMS) calculado sobre as receitas das vendas e de serviços constantes da conta Receita da Atividade Rural. Informar o resultado da aplicação das alíquotas sobre as respectivas receitas, e não o montante recolhido, durante o período de apuração, pela pessoa jurídica. O valor referente ao ICMS pago como substituto não deve ser incluído nessa conta.	A

Código	Descrição / Título da Conta	Orientações	Tipo de conta
3.05.01.01.03.03.00	(–) COFINS	Contas que registram a COFINS apurada sobre a receita de vendas em consonância com a legislação vigente à época da ocorrência dos fatos geradores, incidente sobre as receitas da conta Receita da Atividade Rural. O valor informado deve ser apurado de forma centralizada pelo estabelecimento matriz, quando a pessoa jurídica possuir mais de um estabelecimento (Lei nº 9.779, de 1999, art. 15, III). Não incluir a COFINS incidente sobre as demais receitas operacionais, ela deverá ser informada em conta distinta.	A
3.05.01.01.03.04.00	(–) PIS/PASEP	Contas que registram as contribuições para o PIS/ PASEP apurado sobre a receita de vendas em consonância com a legislação vigente à época da ocorrência dos fatos geradores, incidente sobre as receitas da conta Receita da Atividade Rural. O valor informado deve ser apurado de forma centralizada pelo estabelecimento matriz, quando a pessoa jurídica possuir mais de um estabelecimento (Lei nº 9.779, de 1999, art. 15, III). Não incluir o PIS/PASEP incidente sobre as demais receitas operacionais, que deverá ser informada em conta distinta.	A
3.05.01.01.03.05.00	(–) ISS	Contas que registram o Imposto sobre Serviço de qualquer Natureza (ISS) relativo às receitas de serviços, conforme legislação específica.	A
3.05.01.01.03.06.00	(–) Demais Impostos e Contribuições Incidentes sobre Vendas e Serviços	Contas que registrem os demais impostos e contribuições incidentes sobre as receitas das vendas de que trata a conta Receita da Atividade Rural, que guardem proporcionalidade com o preço e sejam considerados redutores das receitas de vendas.	A
3.05.01.03	CUSTO DOS BENS E SERVIÇOS VENDIDOS		S
3.05.01.03.01	CUSTO DOS PRODUTOS DA ATIVIDADE RURAL VENDIDOS		S
3.05.01.03.01.00.00	Custo dos Produtos Vendidos da Atividade Rural		A
3.05.01.03.01.01.01	Estoques Iniciais de Insumos Agropecuários	Contas que registram os estoques de insumos agropecuários existentes no início do período de apuração.	A

Código	Descrição / Título da Conta	Orientações	Tipo de conta
3.05.01.03.01.01.02	Estoques Iniciais de Produtos Agropecuários Acabados	Contas que registram os estoques de produtos agropecuários acabados existentes no início do período de apuração.	A
3.05.01.03.01.01.03	Estoques Iniciais de Produtos Agropecuários em Formação	Contas que registram os estoques de produtos agropecuários em formação existentes no início do período de apuração.	A
3.05.01.03.01.02.00	Compras de Insumos Agropecuários a vista	Contas que registram as aquisições a vista, durante o período de apuração, de insumos agropecuários, no mercado interno e externo, para utilização na formação de produtos agropecuários. Também compõem os valores de compras desses insumos os valores referentes aos custos com transporte e seguro até o estabelecimento do contribuinte, os tributos não recuperáveis devidos na importação e o custo relativo ao desembaraço aduaneiro.	A
3.05.01.03.01.03.00	Compras de Insumos Agropecuários a prazo	Contas que registram as aquisições a prazo, durante o período de apuração, de insumos agropecuários, no mercado interno e externo, para utilização na formação de produtos agropecuários. Também compõem os valores de compras desses insumos os valores referentes aos custos com transporte e seguro até o estabelecimento do contribuinte, os tributos não recuperáveis devidos na importação e o custo relativo ao desembaraço aduaneiro.	A
3.05.01.03.01.04.00	Remuneração a Dirigentes da Produção	Contas que registram: a) a remuneração mensal e fixa dos dirigentes diretamente ligados à produção, pelo valor total do custo incorrido no período de apuração, exceto os encargos sociais (Previdência Social e FGTS) que são informados em conta distinta; b) o valor relativo aos custos incorridos com salários indiretos concedidos pela empresa a administradores, diretores, gerentes e seus assessores, se ligados diretamente à produção (PN Cosit nº 11, de 30 de setembro de 1992). Atenção: deve ser incluído nessa conta o valor das gratificações dos dirigentes ligados à produção, inclusive o 13º salário.	A
3.05.01.03.01.05.00	Custo do Pessoal Aplicado na Produção	Contas que representem o custo com ordenados, salários e outros custos com empregados ligados à produção da empresa, tais como: seguro de vida, contribuições ao plano PAIT, custos com programa de previdência privada, contribuições para os	A

Código	Descrição / Título da Conta	Orientações	Tipo de conta
		Fundos de Aposentadoria Programada Individual (FAPI), e outras de caráter remuneratório. Inclusive os custos com supervisão direta, manutenção e guarda das instalações, decorrentes de vínculo empregatício com a pessoa jurídica.	
3.05.01.03.01.06.00	Encargos Sociais – Previdência Social	Contas que registram as contribuições para a Previdência Social, relativas ao pessoal ligado diretamente à produção, inclusive dirigentes.	A
3.05.01.03.01.07.00	Encargos Sociais – FGTS	Contas que registram as contribuições para o FGTS, relativas ao pessoal ligado diretamente à produção, inclusive dirigentes.	A
3.05.01.03.01.08.00	Encargos Sociais – Outros	Contas que registram encargos sociais, relativos ao pessoal ligado diretamente à produção, não classificados nas contas Encargos Sociais – Previdência Social e Encargos Sociais – FGTS.	A
3.05.01.03.01.09.00	Alimentação do Trabalhador	Contas que registram os custos realizados com alimentação do pessoal ligado diretamente à produção.	A
3.05.01.03.01.10.00	Manutenção e Reparo de Bens Aplicados na Produção	Contas que representam somente os custos realizados com reparos que não implicaram aumento superior a um ano da vida útil prevista no ato da aquisição do bem.	A
3.05.01.03.01.11.00	Arrendamento Mercantil	Contas que representam o valor do custo incorrido a título de contraprestação de arrendamento mercantil de bens alocados na produção, segundo contratos celebrados com observância da Lei nº 6.099, de 12 de setembro de 1974, com as alterações da Lei nº 7.132, de 26 de outubro de 1983. Os custos com aluguel de outros bens alocados à produção, mediante contrato diferente do de arrendamento mercantil, devem ser indicados em "Outros Custos". Os valores referentes a bens que não sejam intrinsecamente relacionados com a produção devem ser informados na conta Arrendamento Mercantil do grupo DESPESAS OPERACIONAIS DA ATIVIDADE RURAL.	A
3.05.01.03.01.12.00	Encargos de Depreciação, Amortização e Exaustão	Contas que registram os encargos a esses títulos com bens aplicados diretamente na produção. Os encargos que não forem decorrentes de bens intrinsecamente relacionados com a produção devem ser informados na conta Encargos de Depreciação, Amortização e Exaustão do grupo DESPESAS OPERACIONAIS DA ATIVIDADE RURAL.	A

Código	Descrição / Título da Conta	Orientações	Tipo de conta
3.05.01.03.01.13.00	Constituição de Provisões	Contas que registram os encargos com a constituição de provisões que devam ser imputados aos custos de produção da empresa no período de apuração.	A
3.05.01.03.01.14.00	Serviços Prestados por Pessoa Física sem Vínculo Empregatício	Contas que registram, salvo se houver conta mais específica nesse plano referencial, os custos correspondentes aos serviços prestados à pessoa jurídica por pessoa física sem vínculo empregatício, relacionados com a atividade rural da pessoa jurídica.	A
3.05.01.03.01.15.00	Serviços Prestados por Pessoa Jurídica	Contas que registram, salvo se houver conta mais específica nesse plano referencial, os custos correspondentes aos serviços prestados por pessoa jurídica à pessoa jurídica declarante, relacionados com sua atividade rural.	A
3.05.01.03.01.16.00	*Royalties* e Assistência Técnica – país	Contas que registram as importâncias pagas a beneficiário pessoa física ou jurídica, residente ou domiciliado no Brasil, a título de *royalties* e assistência técnica, científica ou assemelhada, que estejam relacionadas com a atividade industrial.	A
3.05.01.03.01.17.00	*Royalties* e Assistência Técnica – exterior	Contas que registram as importâncias pagas a beneficiário pessoa física ou jurídica, residente ou domiciliado no exterior, a título de *royalties* e assistência técnica, científica ou assemelhada, que estejam relacionadas com a atividade industrial.	A
3.05.01.03.01.18.00	Outros Custos	Contas que representam os demais custos da empresa no processo de produção, para os quais não haja conta mais específica ou cujas classificações contábeis não se adaptem à nomenclatura específica desta ficha, tais como: custo referente ao valor de bens de consumo eventual, as quebras ou perdas de estoque, e as ocorridas na fabricação, no transporte e manuseio.	A
3.05.01.03.01.19.01	(–) Estoques Finais de Insumos Agropecuários	Contas que registram os estoques de insumos agropecuários existentes no final do período de apuração.	A
3.05.01.03.01.19.02	(–) Estoques Finais de Produtos Agropecuários em Formação	Contas que registram os estoques de produtos agropecuários em formação existentes no final do período de apuração.	A
3.05.01.03.01.19.03	(–) Estoques Finais de Produtos Agropecuários Acabados	Contas que registram os estoques de produtos agropecuários acabados existentes no final do período de apuração	A

Código	Descrição / Título da Conta	Orientações	Tipo de conta
3.05.01.03.09	AJUSTES DE ESTOQUES DECORRENTES DE ARBITRAMENTO		S
3.05.01.03.09.01.00	Ajustes de Estoques Decorrentes de Arbitramento	Contas que, na pessoa jurídica submetida à apuração anual do imposto e que teve seu lucro arbitrado em um ou mais trimestres do ano-calendário, representam o valor, positivo ou negativo, correspondente à diferença entre os estoques iniciais do período imediatamente subsequente ao arbitramento e os estoques finais do período imediatamente anterior ao arbitramento. Caso haja arbitramento em mais de um trimestre do ano-calendário, não consecutivos, as contas devem representar a soma algébrica das diferenças apuradas em relação a cada período arbitrado.	A
3.05.01.05	OUTRAS RECEITAS OPERACIONAIS		S
3.05.01.05.01	OUTRAS RECEITAS OPERACIONAIS		S
3.05.01.05.01.01.00	Variações Cambiais Ativas	Contas que registram os ganhos apurados em razão de variações ativas decorrentes da atualização dos direitos de crédito e obrigações, calculados com base nas variações nas taxas de câmbio. Atenção: 1) as variações cambiais ativas decorrentes dos direitos de crédito e de obrigações, em função da taxa de câmbio, são consideradas como receita financeira, inclusive para fins de cálculo do lucro da exploração (Lei nº 9.718, art. 9º c/c art. 17); 2) nas atividades de compra e venda, loteamento, incorporação e construção de imóveis, as variações cambiais ativas são reconhecidas como receita segundo as normas constantes da IN SRF nº 84/79, de 20 de dezembro de 1979, da IN SRF nº 23/83, de 25 de março de 1983, e da IN SRF nº 67/88, de 21 de abril de 1988 (IN SRF nº 25/99, de 25 de fevereiro de 1999).	A
3.05.01.05.01.02.00	Ganhos Auferidos no Mercado de Renda Variável, exceto *day-trade*	Contas que registram: a) o somatório dos ganhos auferidos, em cada mês do período de apuração, em operações realizadas nas bolsas de valores, de mercadorias, de futuros e assemelhadas, existentes no País;	A

Código	Descrição / Título da Conta	Orientações	Tipo de conta
		b) os ganhos auferidos nas alienações, fora de bolsa, de ouro, ativo financeiro, e de participações societárias, exceto as alienações de participações societárias permanentes em sociedades coligadas e controladas e de participações societárias que permanecerem no ativo da pessoa jurídica até o término do ano-calendário seguinte ao de suas aquisições; e c) os rendimentos auferidos em operações de *swap* e no resgate de quota de fundo de investimento cujas carteiras sejam constituídas, no mínimo, por 67% (sessenta e sete por cento) de ações no mercado a vista de bolsa de valores ou entidade assemelhada (Lei nº 9.532, de 1997, art. 28, alterado pela MP nº 1.636, de 1998, art. 2º, e reedições). Considera-se ganho o resultado positivo auferido nas operações citadas acima, realizadas em cada mês, admitida a dedução dos custos e despesas incorridos, necessários à realização das operações. Atenção: 1) os ganhos auferidos em operações *day-trade* devem ser informados em conta específica; 2) o valor correspondente às perdas incorridas no mercado de renda variável, exceto *day-trade*, deve ser informado em conta específica. 3) são consideradas assemelhadas às bolsas de valores, de mercadorias e de futuros as entidades cujo objeto social seja análogo ao das referidas bolsas e que funcionem sob a supervisão e fiscalização da Comissão de Valores Mobiliários (CVM).	
3.05.01.05.01.03.00	Ganhos em Operações *day-trade*	Contas que registram os ganhos diários auferidos, em cada mês do período de apuração, em operações *day-trade*. Considera-se ganho o resultado positivo auferido nas operações citadas acima, realizadas em cada mês, admitida a dedução dos custos e despesas incorridos, necessários à realização das operações. Não se caracteriza como *day-trade* o exercício da opção e a venda ou compra do ativo no mercado a vista, no mesmo dia. Também não se caracterizam como *day-trade* as operações iniciadas por intermédio de uma instituição e encerradas em outra, quando houver a liquidação física mediante movimentação de títulos ou valores mobiliários em custódia.	A

Código	Descrição / Título da Conta	Orientações	Tipo de conta
		Atenção: o valor correspondente às perdas incorridas nas operações *day-trade* deve ser informado em conta específica.	
3.05.01.05.01.04.00	Receitas de Juros sobre o Capital Próprio	Contas que registram os juros recebidos, a título de remuneração do capital próprio, em conformidade com o art. 9º da Lei nº 9.249, de 1995. O valor informado deve corresponder ao total dos juros recebidos antes do desconto do imposto de renda na fonte. O valor do imposto de renda retido na fonte, para as pessoas jurídicas tributadas pelo lucro real, é considerado antecipação do imposto devido no encerramento do período de apuração ou, ainda, pode ser compensado com aquele que for retido, pela beneficiária, por ocasião do pagamento ou crédito de juros a título de remuneração do capital próprio, ao seu titular ou aos seus sócios.	A
3.05.01.05.01.05.00	Outras Receitas Financeiras	Contas que registram receitas auferidas no período de apuração relativas a juros, descontos, lucro na operação de reporte, prêmio de resgate de títulos ou debêntures e rendimento nominal auferido em aplicações financeiras de renda fixa, não incluídas em contas precedentes desse grupo. As receitas dessa natureza, derivadas de operações com títulos vencíveis após o encerramento do período de apuração, serão rateadas segundo o regime de competência. Atenção: 1) as variações monetárias ativas decorrentes da atualização dos direitos de crédito e das obrigações, em função de índices ou coeficientes aplicáveis por disposição legal ou contratual, devem ser informadas como receita financeira; 2) As variações cambiais ativas devem ser informadas na conta Variações Cambiais Ativas.	A
3.05.01.05.01.06.00	Ganhos na Alienação de Participações Não Integrantes do Ativo Permanente	Contas que registram os ganhos auferidos na alienação de ações, títulos ou quotas de capital não integrantes do ativo permanente, desde que não incluídos na conta Ganhos Auferidos no Mercado de Renda Variável, exceto *day-trade*.	A
3.05.01.05.01.07.00	Resultados Positivos em Participações Societárias	Contas que registram: a) os lucros e dividendos derivados de investimentos avaliados pelo custo de aquisição; b) os ganhos por ajustes no valor de investimentos relevantes avaliados pelo método da equivalência patrimonial, decorrentes de lucros apurados nas controladas e coligadas;	A

Código	Descrição / Título da Conta	Orientações	Tipo de conta
		Atenção: considera-se controlada a filial, a agência, a sucursal, a dependência ou o escritório de representação no exterior, sempre que os respectivos ativos e passivos não estejam incluídos na contabilidade da investidora, por força de normatização específica. c) as bonificações recebidas; Atenção: c.1) as bonificações recebidas, decorrentes da incorporação de lucros ou reservas não tributados na forma do art. 35 da Lei nº 7.713, de 1988, ou apurados nos anos-calendário de 1994 ou 1995, são consideradas a custo zero, não afetando o valor do investimento nem o resultado do período de apuração (art. 3º da Lei nº 8.849, de 1994, e art. 3º da Lei nº 9.064, de 1995); c.2) no caso de investimento avaliado pelo custo de aquisição, as bonificações recebidas, decorrentes da incorporação de lucros ou reservas tributados na forma do art. 35 da Lei nº 7.713, de 1988, e de lucros ou reservas apurados no ano-calendário de 1993 ou a partir do ano-calendário de 1996, são registradas tomando-se como custo o valor da parcela dos lucros ou reservas capitalizados. e) os lucros e dividendos de participações societárias avaliadas pelo custo de aquisição; Atenção: os lucros ou dividendos recebidos em decorrência de participações societárias avaliadas pelo custo de aquisição adquiridas até 6 (seis) meses antes da data do recebimento devem ser registrados como diminuição do valor do custo, não sendo incluídos nessa conta. f) os resultados positivos decorrentes de participações societárias no exterior avaliadas pelo patrimônio líquido, os dividendos de participações avaliadas pelo custo de aquisição e os resultados de equivalência patrimonial relativos a filiais, sucursais ou agências da pessoa jurídica localizadas no exterior, em decorrência de operações realizadas naquelas filiais, sucursais ou agências. Os lucros auferidos no exterior serão adicionados ao lucro líquido, para efeito de determinação do lucro real, no período de apuração correspondente ao balanço levantado em 31 de dezembro do ano-calendário em que tiverem sido disponibilizados, observando-se o disposto nos arts. 394 e 395 do Decreto nº 3.000, de 1999, e no art. 74 da Medida Provisória nº 2.158-35, de 24 de agosto de 2001.	

Código	Descrição / Título da Conta	Orientações	Tipo de conta
3.05.01.05.01.07.10	Amortização de Deságio nas Aquisições de Investimentos Avaliados pelo Patrimônio Líquido	Contas que registram as amortizações de deságios nas aquisições de investimentos avaliados pelo patrimônio líquido. O valor amortizado que for excluído do lucro líquido para determinação do lucro real deve ser controlado na Parte B do Livro de Apuração do Lucro Real até a alienação ou baixa da participação societária, quando, então, deve ser adicionado ao lucro líquido para determinação do lucro real no período de apuração em que for computado o ganho ou perda de capital havido.	A
3.05.01.05.01.08.00	Resultados Positivos em SCP	Conta utilizada pelas pessoas jurídicas que forem sócias ostensivas de sociedades em conta de participação, para registro: a) de lucros derivados de participação em SCP, avaliadas pelo custo de aquisição; b) dos ganhos por ajustes no valor de participação em SCP, avaliadas pelo método da equivalência patrimonial. Atenção: os lucros recebidos de investimento em SCP, avaliado pelo custo de aquisição, ou a contrapartida do ajuste do investimento ao valor do patrimônio líquido da SCP, no caso de investimento avaliado por esse método, podem ser excluídos na determinação do lucro real dos sócios, pessoas jurídicas, das referidas sociedades (Decreto nº 3.000, de 1999, art. 149).	A
3.05.01.05.01.09.00	Rendimentos e Ganhos de Capital Auferidos no Exterior	Contas que registram os rendimentos e ganhos de capital auferidos no exterior diretamente pela pessoa jurídica domiciliada no Brasil, pelos seus valores antes de descontado o tributo pago no país de origem. Esses valores podem, no caso de apuração trimestral do imposto, ser excluídos na apuração do lucro real do 1º ao 3º trimestres, devendo ser adicionados ao lucro líquido na apuração do lucro real referente ao 4º trimestre. Atenção: Os ganhos de capital referentes a alienações de bens e direitos do ativo permanente situados no exterior devem ser informados na conta Outras Receitas Não Operacionais.	A
3.05.01.05.01.10.00	Reversão dos Saldos das Provisões Operacionais	Contas que registram a reversão de saldos não utilizados das provisões constituídas no balanço do período de apuração imediatamente anterior para fins de apuração do lucro real (Lei nº 9.430, de 1996, art. 14).	A

Código	Descrição / Título da Conta	Orientações	Tipo de conta
3.05.01.05.01.11.00	Outras Receitas Operacionais	Contas que registram todas as demais receitas que, por definição legal, sejam consideradas operacionais, tais como: a) aluguéis de bens por empresa que não tenha por objeto a locação de móveis e imóveis; b) recuperações de despesas operacionais de períodos de apuração anteriores, tais como: prêmios de seguros, importâncias levantadas das contas vinculadas do FGTS, ressarcimento de desfalques, roubos e furtos etc. As recuperações de custos e despesas no decurso do próprio período de apuração devem ser creditadas diretamente às contas de resultado em que foram debitadas; c) os créditos presumidos do IPI para ressarcimento do valor da Contribuição ao PIS/PASEP e COFINS; d) multas ou vantagens a título de indenização em virtude de rescisão contratual (Lei nº 9.430, de 1996, art. 70, § 3º, II); e) o crédito presumido da contribuição para o PIS/PASEP e da COFINS concedido na forma do art. 3º da Lei nº 10.147, de 2000.	A
3.05.01.05.01.12.00	Prêmios Recebidos na Emissão de Debêntures	Contas que registram, a partir de 01.01.2008, os prêmios recebidos na emissão de debêntures.	A
3.05.01.05.01.13.00	Doações e Subvenções para Investimentos	Contas que registram, a partir de 01.01.2008, as doações e subvenções para investimento.	A
3.05.01.05.01.14.00	Contrapartida dos Ajustes ao Valor Presente	Contrapartida do ajuste ao valor presente dos elementos do ativo e do passivo (art. 183, inciso VIII, e art. 184, inciso III, da Lei 6.404/76)	A
3.05.01.05.01.15.00	Contrapartida de outros Ajustes às Normas Internacionais de Contabilidade	Contrapartida de outros ajustes decorrentes da adequação às Normas Internacionais de Contabilidade	A
3.05.01.07	DESPESAS OPERACIONAIS		S
3.05.01.07.01	DESPESAS OPERACIONAIS DA ATIVIDADE RURAL		S
3.05.01.07.01.01.00	Remuneração a Dirigentes e a Conselho de Administração	Contas que registram a despesa incorrida relativa à remuneração mensal e fixa atribuída ao titular de firma individual, aos sócios, diretores e administradores de sociedades, ou aos representantes legais de sociedades estrangeiras, as despesas incorridas com os salários indiretos	A

Código	Descrição / Título da Conta	Orientações	Tipo de conta
		concedidos pela empresa a administradores, diretores, gerentes e seus assessores (PN Cosit nº 11, de 1992), e o valor referente às remunerações atribuídas aos membros do conselho fiscal ou consultivo. Atenção: os valores das gratificações aos dirigentes que estejam ligados à área de produção rural devem ser informados na conta Remuneração a Dirigentes da Produção.	
3.05.01.07.01.02.00	Ordenados, Salários, Gratificações e Outras Remunerações a Empregados	Contas que registram a remuneração de empregados, tais como: comissões, moradia, seguro de vida, contribuições pagas ao plano PAIT, despesas com programa de previdência privada, contribuições para os Fundos de Aposentadoria Programada Individual (FAPI), e outras de caráter remuneratório. Atenção: 1) as despesas correspondentes a salários, ordenados, gratificações e outras remunerações referentes à área de saúde, tais como assistência médica, odontológica e farmacêutica, devem ser indicadas na conta Assistência Médica, Odontológica e Farmacêutica a Empregados; 2) não deve ser informado nessa conta o valor referente às participações dos empregados no lucro da pessoa jurídica. Esse valor deve ser informado na conta Participações de Empregados.	A
3.05.01.07.01.02.01	Ordenados, Salários Gratificações e Outras Remunerações a Empregados	Contas que registram as despesas com ordenados, salários, gratificações e outras despesas com empregados, tais como: comissões, moradia, seguro de vida e outras de caráter remuneratório. Atenção: 1) As despesas correspondentes a salários, ordenados, gratificações e outras remunerações referentes à área de saúde, tais como assistência médica, odontológica e farmacêutica, devem ser indicadas na conta específica. 2) Não deve ser informado nessa conta o valor referente às participações dos empregados no lucro da pessoa jurídica. Esse valor deve ser informado na conta Participações de Empregados.	A
3.05.01.07.01.02.03	Planos de Poupança e Investimentos de Empregados	Contas que registram o valor total dos gastos efetuados com Planos de Poupança e Investimentos (PAIT).	A

Código	Descrição / Título da Conta	Orientações	Tipo de conta
3.05.01.07.01.02.05	Fundo de Aposentadoria Programada Individual de Empregados	Contas que registram o valor total dos gastos efetuados com Fundos de Aposentadoria Programada Individual (FAPI).	A
3.05.01.07.01.02.07	Plano de Previdência Privada de Empregados	Contas que registram o valor total dos gastos efetuados com Planos de Previdência Privada.	A
3.05.01.07.01.02.09	Outros Gastos com Pessoal	Contas que registram os gastos com empregados não enquadrados nas contas precedentes. Atenção: 1) As despesas correspondentes a salários, ordenados, gratificações e outras remunerações referentes à área de saúde, tais como assistência médica, odontológica e farmacêutica, devem ser indicadas na conta Assistência Médica, Odontológica e Farmacêutica a Empregados; 2) não deve ser informado nessa conta o valor referente às participações dos empregados no lucro da pessoa jurídica. Esse valor deve ser informado na conta Participações de Empregados.	A
3.05.01.07.01.03.00	Prestação de Serviços por Pessoa Física sem Vínculo Empregatício	Contas que registram, salvo se houver conta mais específica, as despesas correspondentes aos serviços prestados por pessoa física que não tenha vínculo empregatício com a pessoa jurídica, tais como: comissões, corretagens, gratificações, honorários, direitos autorais e outras remunerações, inclusive as relativas a empreitadas de obras exclusivamente de trabalho e as decorrentes de fretes e carretos em geral.	A
3.05.01.07.01.04.00	Prestação de Serviço Pessoa Jurídica	Contas que registram, salvo se houver conta mais específica, o valor das despesas correspondentes aos serviços prestados por outra pessoa jurídica à pessoa jurídica declarante.	A
3.05.01.07.01.04.01	Serviços Prestados por Cooperativa de Trabalho	Contas que registram os serviços prestados por cooperativa de trabalho.	A
3.05.01.07.01.04.02	Locação de mão de obra	Contas que registram o valor total dos gastos efetuados no período com a contratação de serviços executados mediante cessão de mão de obra ou empreitada, inclusive em regime temporário, sujeitos à retenção de contribuição previdenciária, nos termos do art. 219 do Regulamento da Previdência Social – RPS, aprovado pelo Decreto nº 3.048, de 1999.	A

Código	Descrição / Título da Conta	Orientações	Tipo de conta
3.05.01.07.01.05.00	Encargos Sociais – Previdência Social	Contas que registram as contribuições para a Previdência Social não computadas nos custos (inclusive dos dirigentes – PN CST nº 35, de 31 de agosto de 1981).	A
3.05.01.07.01.06.00	Encargos Sociais – FGTS	Contas que registram as contribuições para o FGTS não computadas nos custos (inclusive dos dirigentes – PN CST nº 35, de 31 de agosto de 1981).	A
3.05.01.07.01.07.00	Encargos Sociais – Outros	Contas que registram os demais encargos sociais não computados nos custos ou nas contas Encargos Sociais – Previdência Social ou Encargos Sociais – FGTS.	A
3.05.01.07.01.08.00	Doações e Patrocínios de Caráter Cultural e Artístico (Lei nº 8.313/1991)	Contas que registram as doações e patrocínios efetuados no período de apuração em favor de projetos culturais previamente aprovados pelo Ministério da Cultura ou pela Agência Nacional do Cinema (Ancine), observada a legislação de concessão dos projetos.	A
3.05.01.07.01.09.00	Doações a Instituições de Ensino e Pesquisa (Lei nº 9.249/1995, art.13, § 2º)	Contas que registram as doações a instituições de ensino e pesquisa cuja criação tenha sido autorizada por lei federal e que preencham os requisitos dos incisos I e II do art. 213 da Constituição Federal, de 1988, que são: a) comprovação de finalidade não lucrativa e aplicação dos excedentes financeiros em educação; b) assegurar a destinação do seu patrimônio a outra escola comunitária, filantrópica ou confessional, ou ao Poder Público, no caso de encerramento de suas atividades.	A
3.05.01.07.01.10.00	Doações a Entidades Civis	Contas que registram as doações efetuadas a: a) entidades civis, legalmente constituídas no Brasil, sem fins lucrativos, que prestem serviços gratuitos em benefício de empregados da pessoa jurídica doadora, e respectivos dependentes, ou em benefício da comunidade na qual atuem; e b) Organizações da Sociedade Civil de Interesse Público (OSCIP), qualificadas segundo as normas estabelecidas na Lei nº 9.790, de 23 de março de 1999.	A
3.05.01.07.01.11.00	Outras Contribuições e Doações	Contas que registram as doações feitas, entre outras, aos Fundos controlados pelos Conselhos Municipais, Estaduais e Nacional dos Direitos da Criança e do Adolescente.	A

Código	Descrição / Título da Conta	Orientações	Tipo de conta
3.05.01.07.01.12.00	Alimentação do Trabalhador	Contas que registram as despesas com alimentação do pessoal não ligado à produção, realizadas durante o período de apuração, ainda que a pessoa jurídica não tenha Programa de Alimentação do Trabalhador aprovado pelo Ministério do Trabalho.	A
3.05.01.07.01.13.00	PIS/PASEP	Contas que registram as Contribuições para o PIS/PASEP incidente sobre as demais receitas operacionais.	A
3.05.01.07.01.14.00	COFINS	Contas que registram a parcela da COFINS incidente sobre as demais receitas operacionais.	A
3.05.01.07.01.15.00	CPMF	Contas que registram a Contribuição Provisória sobre Movimentação ou Transmissão de Valores e de Créditos de Natureza Financeira.	A
3.05.01.07.01.16.00	Demais Impostos, Taxas e Contribuições, exceto IR e CSLL	Contas que registram os demais Impostos, Taxas e Contribuições, exceto: a) incorporadas ao custo de bens do ativo permanente; b) correspondentes aos impostos não recuperáveis, incorporados ao custo das matérias-primas, materiais secundários, materiais de embalagem e mercadorias destinadas à revenda; c) correspondentes aos impostos recuperáveis; d) correspondentes aos impostos e contribuições redutores da receita bruta; e) correspondentes às Contribuições para o PIS/ PASEP e à COFINS incidentes sobre as demais receitas operacionais, e à CPMF, indicados em contas específicas; f) correspondentes à contribuição social sobre o lucro líquido e ao imposto de renda devidos, que são informados em contas específicas.	A
3.05.01.07.01.17.00	Arrendamento Mercantil	Contas que registram as despesas, não computadas nos custos, pagas ou creditadas a título de contraprestação de arrendamento mercantil, decorrentes de contrato celebrado com observância da Lei nº 6.099, de 12 de setembro de 1974, com as alterações da Lei nº 7.132, de 26 de outubro de 1983, e da Portaria MF nº 140, de 1984.	A
3.05.01.07.01.18.00	Aluguéis	Contas que registram as despesas com aluguéis não decorrentes de arrendamento mercantil.	A
3.05.01.07.01.19.00	Despesas com Veículos e de Conservação de Bens e Instalações	Contas que registram as despesas relativas aos bens que não estejam ligados diretamente à produção, as realizadas com reparos que não impliquem aumento superior a um ano da vida útil do bem, prevista no ato de sua aquisição, e as relativas a combustíveis e lubrificantes para veículos.	A

Código	Descrição / Título da Conta	Orientações	Tipo de conta
3.05.01.07.01.20.00	Propaganda e Publicidade	Contas que registram as despesas com propaganda e publicidade.	A
3.05.01.07.01.20.01	Propaganda, Publicidade e Patrocínio (Associações Desportivas que Mantenham Equipe de Futebol Profissional)	Contas que registram as despesas relativas a propaganda, publicidade e patrocínio com associações desportivas que mantenham equipe de futebol profissional e possuam registro na Federação de Futebol do respectivo Estado, a título de propaganda, publicidade e patrocínio.	A
3.05.01.07.01.20.02	Propaganda, Publicidade e Patrocínio	Contas que registram de propaganda, publicidade, exceto as classificadas na conta precedente.	A
3.05.01.07.01.21.00	Multas	Contas que registram as despesas com multas.	A
3.05.01.07.01.22.00	Encargos de Depreciação e Amortização	Contas que registram apenas os encargos a esses títulos, com bens não aplicados diretamente na produção. Inclui a amortização dos ajustes de variação cambial contabilizada no ativo diferido, relativa à atividade geral da pessoa jurídica.	A
3.05.01.07.01.23.00	Perdas em Operações de Crédito	Contas que registram as perdas no recebimento de créditos decorrentes das atividades da pessoa jurídica.	A
3.05.01.07.01.24.00	Provisões para Férias e 13º Salário de Empregados	Contas que registram as despesas com a constituição de provisões para: a) pagamento de remuneração correspondente a férias e adicional de férias de empregados, inclusive encargos sociais (Decreto nº 3.000, de 1999, art. 337, e PN CST nº 7, de 1980); b) o 13º salário, no caso de apuração trimestral do imposto, inclusive encargos sociais (Decreto nº 3.000, de 1999, art. 338).	A
3.05.01.07.01.25.00	Provisão para Perda de Estoque	Contas que registram as despesas com a constituição de provisão para perda de estoque.	A
3.05.01.07.01.26.00	Demais Provisões	Contas que registram as despesas com provisões não relacionadas em contas específicas.	A
3.05.01.07.01.27.00	Gratificações a Administradores	Contas que registram as gratificações a administradores.	A
3.05.01.07.01.28.00	*Royalties* e Assistência Técnica – país	Contas que registram as despesas correspondentes às importâncias pagas a beneficiário pessoa física ou jurídica, residente ou domiciliado no Brasil, a título de *royalties* e assistência técnica, científica ou assemelhada, que não estejam relacionados com a produção.	A

Código	Descrição / Título da Conta	Orientações	Tipo de conta
3.05.01.07.01.29.00	*Royalties* e Assistência Técnica – exterior	Contas que registram as despesas correspondentes às importâncias pagas a beneficiário pessoa física ou jurídica, residente ou domiciliado no exterior, a título de *royalties* e assistência técnica, científica ou assemelhada, que não estejam relacionados com a produção.	A
3.05.01.07.01.30.00	Assistência Médica, Odontológica e Farmacêutica a Empregados	Indicar o valor das despesas com assistência médica, odontológica e farmacêutica. Atenção: o valor referente à contratação de serviços de profissionais liberais sem vínculo empregatício ou de sociedades civis deve ser informado nas contas Prestação de Serviços por Pessoa Física sem Vínculo Empregatício ou Prestação de Serviço Pessoa Jurídica, conforme o caso.	A
3.05.01.07.01.31.00	Pesquisas Científicas e Tecnológicas	Contas que registram as despesas efetuadas a esse título, inclusive a contrapartida das amortizações daquelas registradas no ativo diferido.	A
3.05.01.07.01.32.00	Bens de Natureza Permanente Deduzidos como Despesa	Contas que registram as despesas com aquisição de bens do ativo imobilizado cujo prazo de vida útil não ultrapasse um ano, ou, caso exceda esse prazo, tenha valor unitário igual ou inferior ao fixado no art. 301 do Decreto nº 3.000, de 1999.	A
3.05.01.07.01.33.00	Outras Despesas Operacionais	Contas que registram as demais despesas operacionais, cujos títulos não se adaptem à nomenclatura específica dessa ficha, tais como: a) contribuição sindical; b) prêmios de seguro; c) fretes e carretos que não componham os custos; d) despesas com viagens, diárias e ajudas de custo; e) transporte de empregados.	A
3.05.01.07.01.33.01	Despesas com viagens, diárias e ajuda de custo	Contas que registram as despesas operacionais com viagens, diárias e ajuda de custo.	A
3.05.01.07.01.33.90	Outras Despesas Operacionais	Contas que registram as demais despesas operacionais, cujos títulos não se adaptem à nomenclatura específica dessa ficha, tais como: a) contribuição sindical; b) prêmios de seguro; c) fretes e carretos que não componham os custos; d) transporte de empregados.	A
3.05.01.09	OUTRAS DESPESAS OPERACIONAIS		S

Código	Descrição / Título da Conta	Orientações	Tipo de conta
3.05.01.09.01	OUTRAS DESPESAS OPERACIONAIS		S
3.05.01.09.01.01.00	(–) Variações Cambiais Passivas	Contas que registram as perdas monetárias passivas resultantes da atualização dos direitos de créditos e das obrigações, calculadas com base nas variações nas taxas de câmbio (Lei nº 9.069, de 1995, art. 52, e Lei nº 9.249, de 1995, art. 8º). Inclusive a variação cambial passiva correspondente: a) à atualização das obrigações e dos créditos em moeda estrangeira, registrada em qualquer data e apurada no encerramento do período de apuração em função da taxa de câmbio vigente; b) às operações com moeda estrangeira e conversão de obrigações para moeda nacional, ou novação dessas obrigações, ou sua extinção, total ou parcial, em virtude de capitalização, dação em pagamento, compensação, ou qualquer outro modo, desde que observadas as condições fixadas pelo Banco Central do Brasil. Atenção: a amortização dos ajustes de variação cambial contabilizada no ativo diferido deve ser informada na conta Encargos de Depreciação e Amortização (Lei nº 9.816, de 1999, art. 2º, e Lei nº 10.305, de 2001).	A
3.05.01.09.01.02.00	(–) Perdas Incorridas no Mercado de Renda Variável, exceto *day-trade*	Contas que registram: a) o somatório das perdas incorridas, em cada mês do período de apuração, em operações realizadas nas bolsas de valores, de mercadorias, de futuros e assemelhadas, existentes no País; b) as perdas incorridas nas alienações, fora de bolsa, de ouro, ativo financeiro, e de participações societárias, exceto as alienações de participações societárias permanentes em sociedades coligadas e controladas e de participações societárias que permanecerem no ativo da pessoa jurídica até o término do ano-calendário seguinte ao de suas aquisições; e c) as perdas em operações de *swap* e no resgate de quota de fundo de investimento que mantenha, no mínimo, 67% (sessenta e sete por cento) de ações negociadas no mercado a vista de bolsa de valores ou entidade assemelhada (Lei nº 9.532, de 1997, art. 28, alterado pela MP nº 1.636, de 1998, art. 2º, e reedições). São consideradas assemelhadas às bolsas de valores, de mercadorias e de futuros as entidades	A

Código	Descrição / Título da Conta	Orientações	Tipo de conta
		cujo objeto social seja análogo ao das referidas bolsas e que funcionem sob a supervisão e fiscalização da Comissão de Valores Mobiliários (CVM). Atenção: as perdas apuradas em operações *day-trade* devem ser informadas em conta própria.	
3.05.01.09.01.03.00	(–) Perdas em Operações *day-trade*	Contas que registram o somatório das perdas diárias apuradas, em cada mês do período de apuração, em operações *day-trade*. Não se caracteriza como *day-trade* o exercício da opção e a venda ou compra do ativo no mercado a vista, no mesmo dia. Também não se caracterizam como *day-trade* as operações iniciadas por intermédio de uma instituição e encerradas em outra, quando houver a liquidação física mediante movimentação de títulos ou valores mobiliários em custódia.	A
3.05.01.09.01.04.00	(–) Juros sobre o Capital Próprio	Contas que registram as despesas com juros pagos ou creditados individualizadamente a titular, sócios ou acionistas, a título de remuneração do capital próprio, calculados sobre as contas do patrimônio líquido e limitados à variação, *pro rata* dia, da Taxa de Juros de Longo Prazo (TJLP), observando-se o regime de competência (Lei nº 9.249, de 1995, art. 9º).	A
3.05.01.09.01.05.00	(–) Outras Despesas Financeiras	Contas que registram as despesas relativas a juros, não incluídas em outras contas, a descontos de títulos de crédito e ao deságio na colocação de debêntures ou outros títulos. Tais despesas serão obrigatoriamente rateadas, segundo o regime de competência. Atenção: 1) as variações monetárias passivas decorrentes da atualização das obrigações, em função de índices ou coeficientes aplicáveis por disposição legal ou contratual, devem ser informadas como despesa financeira. 2) As variações cambiais passivas não devem ser informadas nessa conta, e sim na conta Variações Cambiais Passivas.	A
3.05.01.09.01.06.00	(–) Prejuízos na Alienação de Participações Não Integrantes do Ativo Permanente	Contas que registram os prejuízos havidos em virtude de alienação de ações, títulos ou quotas de capital não integrantes do ativo permanente, desde que não incluídos nas contas Perdas Incorridas no Mercado de Renda Variável, exceto *day-trade* ou perdas em operações *day-trade*.	A

Código	Descrição / Título da Conta	Orientações	Tipo de conta
3.05.01.09.01.07.00	(–) Resultados Negativos em Participações Societárias	Contas que registram as perdas por ajustes no valor de investimentos relevantes avaliados pelo método da equivalência patrimonial, decorrentes de prejuízos apurados nas controladas e coligadas. Atenção: considera-se controlada a filial, a agência, a sucursal, a dependência ou o escritório de representação no exterior, sempre que os respectivos ativos e passivos não estejam incluídos na contabilidade da investidora, por força de normatização específica. Devem, também, ser indicados nessa conta os resultados negativos derivados de participações societárias no exterior, avaliadas pelo patrimônio líquido. Incluem-se, nestas informações, as perdas apuradas em filiais, sucursais e agências da pessoa jurídica localizadas no exterior.	A
3.05.01.09.01.07.10	(–) Amortização de Ágio nas Aquisições de Investimentos Avaliados pelo Patrimônio Líquido	Contas que registram o valor da amortização registrada no período, referente ao ágio nas aquisições de investimentos avaliados pelo método da equivalência patrimonial. Atenção: O valor amortizado deve ser adicionado ao lucro líquido, para determinação do lucro real, e controlado na Parte B do Livro de Apuração do Lucro Real até a alienação ou baixa da participação societária, quando, então, pode ser excluído do lucro líquido, para determinação do lucro real.	A
3.05.01.09.01.08.00	(–) Resultados Negativos em SCP	Conta utilizada pelos sócios ostensivos, pessoas jurídicas, de sociedades em conta de participação, para indicar as perdas por ajustes no valor de participação em SCP, avaliada pelo método da equivalência patrimonial.	A
3.05.01.09.01.09.00	(–) Perdas em Operações Realizadas no Exterior	Contas que registram as perdas em operações realizadas no exterior diretamente pela pessoa jurídica domiciliada no Brasil, com exceção das perdas de capital decorrentes da alienação de bens e direitos do ativo permanente situados no exterior, que devem ser indicadas na conta Outras Despesas Não Operacionais.	A
3.05.01.09.01.10.00	(–) Contrapartida dos Ajustes ao Valor Presente	Contrapartida do ajuste ao valor presente dos elementos do ativo e do passivo (art. 183, inciso VIII, e art. 184, inciso III da Lei nº 6.404/76).	A
3.05.01.09.01.11.00	(–) Contrapartida de outros Ajustes às Normas Internacionais de Contabilidade	Contrapartida de outros ajustes decorrentes da adequação às Normas Internacionais de Contabilidade.	A

Código	Descrição / Título da Conta	Orientações	Tipo de conta
3.05.01.09.01.12.00	(–) Contrapartida dos ajustes de valor do imobilizado e intangível	Contrapartida dos ajustes decorrentes da análise de recuperação dos valores registrados no imobilizado e no intangível (art. 183, § 3º, da Lei nº 6.404/76)	A
3.05.03	PARTICIPAÇÕES		S
3.05.03.01	PARTICIPAÇÕES NOS LUCROS		S
3.05.03.01.01	PARTICIPAÇÕES DE EMPREGADOS		S
3.05.03.01.01.01.00	(–) Participações de Empregados	Contas que registram as participações atribuídas a empregados segundo disposição legal, estatutária, contratual ou por deliberação da assembleia de acionistas ou sócios.	A
3.05.03.01.01.02.00	(–) Contribuições para Assistência ou Previdência de Empregados	Contas que registram as contribuições para instituições ou fundos de assistência ou previdência de empregados, baseadas nos lucros. Não indicar, nessa conta, aquelas contribuições já deduzidas como custo ou despesa operacional.	A
3.05.03.01.01.03.00	(–) Outras Participações de Empregados	Contas que registram outras participações de empregados.	A
3.05.03.01.03	OUTRAS PARTICIPAÇÕES		S
3.05.03.01.03.01.00	(–) Participações de Administradores e Partes Beneficiárias	Contas que registram quaisquer participações nos lucros atribuídas a administradores, sócio, titular de empresa individual e a portadores de partes beneficiárias, durante o período de apuração.	A
3.05.03.01.03.02.00	(–) Participações de Debêntures	Contas que representam as participações nos lucros da companhia atribuídas a debêntures de sua emissão.	A
3.05.03.01.03.05.00	(–) Outras	Contas que registram outras participações.	A
3.06	PROVISÃO PARA CSLL E IRPJ (ATIVIDADE RURAL)		S
3.06.01	PROVISÃO PARA CSLL E IRPJ		S
3.06.01.01	PROVISÃO PARA CSLL E IRPJ		S
3.06.01.01.01	PROVISÃO PARA CSLL E IRPJ		S

Código	Descrição / Título da Conta	Orientações	Tipo de conta
3.06.01.01.01.01.00	(–) Contribuição Social sobre o Lucro Líquido	Contas que registram as provisões para a CSLL calculadas sobre a base de cálculo correspondente ao período de apuração e sobre os lucros diferidos da atividade rural.	A
3.06.01.01.01.02.00	(–) Provisão para Imposto de Renda – Pessoa Jurídica	Contas que registram as provisões para o IRPJ calculadas sobre a base de cálculo correspondente ao período de apuração e sobre os lucros diferidos da atividade rural.	A
4	SUPERÁVIT/DÉFICIT LÍQUIDO DO PERÍODO	GRUPO DESTINADO EXCLUSIVAMENTE ÀS SOCIEDADES SIMPLES, SEM FINS LUCRATIVOS	S
4.01	RESULTADO OPERACIONAL		S
4.01.01	RECEITA OPERACIONAL LÍQUIDA		S
4.01.01.01	RECEITA BRUTA		S
4.01.01.01.01	RECEITA DE VENDA DE PRODUTOS		S
4.01.01.01.01.01.00	Da atividade de Educação	Contas que registram a receita de venda dos produtos da atividade de educação.	A
4.01.01.01.01.02.00	Da atividade de Saúde	Contas que registram a receita de venda dos produtos da atividade de saúde.	A
4.01.01.01.01.03.00	Da atividade de Assistência Social	Contas que registram a receita de venda dos produtos da atividade de assistência social.	A
4.01.01.01.01.04.00	Outras	Contas que registram as demais receitas de vendas de produtos.	A
4.01.01.01.02	RECEITA DE PRESTAÇÃO DOS SERVIÇOS		S
4.01.01.01.02.01.00	Serviços Educacionais	Contas que registram as receitas de prestação de serviços na atividade educacional.	A
4.01.01.01.02.02.00	Doações/Subvenções Vinculadas	Contas que registram as receitas recebidas como doações/subvenções vinculadas (Dec. nº 2.536/1998, art. 3º, inciso V), com destinação à prestação de serviços, preferencialmente segregadas por níveis federal, estadual e municipal.	A
4.01.01.01.02.03.00	Doações	Contas que registram as receitas recebidas como doações particulares não vinculadas, com destinação à prestação de serviços.	A

Código	Descrição / Título da Conta	Orientações	Tipo de conta
4.01.01.01.02.04.00	Contribuições	Contas que registram as receitas recebidas como contribuições com destinação à prestação de serviços.	A
4.01.01.01.02.05.00	Outras	Contas que registram as demais receitas de prestação de serviços.	A
4.01.01.01.03	RECEITA DE SERVIÇOS DE SAÚDE		S
4.01.01.01.03.01.00	Pacientes Particulares	Contas que registram as receitas de serviços de saúde prestados a pacientes particulares.	A
4.01.01.01.03.02.00	Convênios – SUS	Contas que registram as receitas de serviços de saúde prestados a pacientes conveniados do SUS.	A
4.01.01.01.03.03.00	Convênios – Outros	Contas que registram as receitas de serviços de saúde prestados a outros pacientes conveniados.	A
4.01.01.01.03.04.00	Doações/Subvenções Vinculadas	Contas que registram as receitas recebidas como doações/subvenções vinculadas (Dec. nº 2.536/1998, art. 3º, inciso V), com destinação à área de saúde, preferencialmente segregadas por níveis federal, estadual e municipal.	A
4.01.01.01.03.05.00	Doações	Contas que registram as receitas recebidas como doações particulares não vinculadas, com destinação à área da saúde.	A
4.01.01.01.03.06.00	Contribuições	Contas que registram as receitas recebidas como contribuições com destinação à área de saúde.	A
4.01.01.01.03.07.00	Outras	Contas que registram as demais receitas de serviços de saúde.	A
4.01.01.01.04	RECEITAS DE SERVIÇOS DE ASSISTÊNCIA SOCIAL		S
4.01.01.01.04.01.00	Pacientes Particulares	Contas que registram as receitas de serviços na área de assistência social a pacientes particulares.	A
4.01.01.01.04.02.00	Convênios – Outros	Contas que registram as receitas de serviços na área de assistência social a pacientes particulares através de convênios/contratos/termos de parcerias.	A
4.01.01.01.04.03.00	Doações/Subvenções Vinculadas	Contas que registram as receitas recebidas como doações/subvenções vinculadas (Dec. nº 2.536/1998, art. 3º, inciso V), com destinação à área de assistência social, preferencialmente segregadas por níveis federal, estadual e municipal.	A
4.01.01.01.04.04.00	Doações	Contas que registram as receitas recebidas como doações particulares não vinculadas, com destinação à área de assistência social.	A

Código	Descrição / Título da Conta	Orientações	Tipo de conta
4.01.01.01.04.05.00	Contribuições	Contas que registram as receitas recebidas como contribuições com destinação à área de assistência social.	A
4.01.01.01.04.06.00	Outras	Contas que registram as demais receitas de serviços na área de assistência social.	A
4.01.01.01.05	RECEITAS DE OUTRAS ATIVIDADES		S
4.01.01.01.05.01.00	Contribuições Sindicais	Contas que registram receitas com a natureza de contribuições sindicais.	A
4.01.01.01.05.02.00	Contribuições Confederativas/ Associativas	Contas que registram receitas com a natureza de contribuições confederativas e/ou associativas.	A
4.01.01.01.05.03.00	Mensalidades	Contas que registram receitas com a natureza de mensalidades revertidas por seus associados.	A
4.01.01.01.05.04.00	Doações/Subvenções	Contas que registram receitas com a natureza de doações e/ou subvenções recebidas de entidades públicas e/ou privadas, e de pessoas físicas.	A
4.01.01.01.05.05.00	Outras Contribuições	Demais contas que registram contribuições não especificadas anteriormente.	A
4.01.01.01.05.06.00	Outras		A
4.01.01.01.09	DEDUÇÕES DA RECEITA BRUTA		S
4.01.01.01.09.01.00	(–) Vendas Canceladas	Contas que registram vendas das prestações de serviços canceladas.	A
4.01.01.01.09.02.00	(–) Devoluções e Descontos Incondicionais	Contas que registram as devoluções e descontos incondicionais nas atividades da entidade.	A
4.01.01.01.09.03.00	Outras	Contas que registram as demais deduções da receita bruta.	A
4.01.03	CUSTO DOS PRODUTOS E SERVIÇOS VENDIDOS		S
4.01.03.01	CUSTO DOS PRODUTOS VENDIDOS		S
4.01.03.01.01	CUSTO DOS PRODUTOS VENDIDOS PARA EDUCAÇÃO		S

Código	Descrição / Título da Conta	Orientações	Tipo de conta
4.01.03.01.01.01.00	Custos dos Produtos para Educação – Vendidos	Contas que registram o custo do produto vendido na área de educação.	A
4.01.03.01.01.02.00	Custos dos Produtos para Educação – Gratuidades	Contas que registram o custo do produto dado em gratuidade na área de educação.	A
4.01.03.01.01.03.00	Outros Custos		A
4.01.03.01.02	CUSTO DOS PRODUTOS VENDIDOS PARA SAÚDE		S
4.01.03.01.02.01.00	Custos dos Produtos para Saúde – Vendidos	Contas que registram o custo do produto vendido na área de saúde.	A
4.01.03.01.02.02.00	Custos dos Produtos para Saúde – Gratuidades	Contas que registram o custo do produto dado em gratuidade na área de saúde.	A
4.01.03.01.02.03.00	Outros Custos		A
4.01.03.01.03	CUSTO DOS PRODUTOS VENDIDOS PARA ASSISTÊNCIA SOCIAL		S
4.01.03.01.03.01.00	Custos dos Produtos para Assistência Social – Vendidos	Contas que registram o custo do produto vendido na área de assistência social.	A
4.01.03.01.03.02.00	Custos dos Produtos para Assistência Social – Gratuidades	Contas que registram o custo do produto dado em gratuidade na área de assistência social.	A
4.01.03.01.03.03.00	Outras		A
4.01.03.01.04	CUSTO DOS PRODUTOS VENDIDOS PARA AS DEMAIS ATIVIDADES		S
4.01.03.01.04.01.00	Custos dos Produtos Vendidos em Geral	Contas que registram o custo do produto vendido nas atividades não abrangidas anteriormente.	A
4.01.03.01.04.02.00	Outros Custos		A
4.01.03.02	CUSTO DOS SERVIÇOS PRESTADOS		S
4.01.03.02.01	CUSTO DOS SERVIÇOS PRESTADOS PARA EDUCAÇÃO		S

Código	Descrição / Título da Conta	Orientações	Tipo de conta
4.01.03.02.01.01.00	Custo dos Serviços Prestados a Alunos Não Bolsistas	Contas que registram o custo da prestação do serviço para os alunos não bolsistas.	A
4.01.03.02.01.02.00	Custo dos Serviços Prestados a Convênios/ Contratos/Parcerias (Exceto PROUNI)	Contas que registram o custo da prestação do serviço para os alunos vinculados aos convênios/ contratos/parcerias, exceto àqueles que estão no PROUNI.	A
4.01.03.02.01.03.00	Custo dos Serviços Prestados a Doações/ Subvenções Vinculadas	Contas que registram o custo da prestação do serviço para os alunos vinculados à doações/ subvenções vinculadas (Dec. nº 2.536/1998, art. 3º, inciso V), com destinação à área de educação, preferencialmente segregadas por níveis federal, estadual e municipal.	A
4.01.03.02.01.04.00	Custo dos Serviços Prestados a Doações	Contas que registram o custo da prestação do serviço para os alunos vinculados às demais doações, com destinação à área de educação, exceto àquelas doações vinculadas.	A
4.01.03.02.01.05.00	Custo dos Serviços Prestados ao PROUNI	Contas que registram o custo da prestação do serviço para os alunos vinculados ao PROUNI.	A
4.01.03.02.01.06.00	Custo dos Serviços Prestados a Gratuidade	Contas que registram o custo da prestação do serviço para os alunos com gratuidades de bolsas parciais e/ou integrais, exceto às vinculadas ao PROUNI, sendo que para as bolsas parciais, o custo deverá ser lançado com o valor parcial, o restante do custo deste aluno, será lançado na conta dos alunos não bolsistas.	A
4.01.03.02.01.07.00	Outros Custos		A
4.01.03.02.02	CUSTO DOS SERVIÇOS PRESTADOS PARA SAÚDE		S
4.01.03.02.02.01.00	Custo dos Serviços Prestados a Pacientes Particulares	Contas que registram o custo da prestação do serviço para os pacientes particulares.	A
4.01.03.02.02.02.00	Custo dos Serviços Prestados a Convênios SUS	Contas que registram o custo da prestação do serviço para os pacientes atendidos através do convênio do SUS.	A
4.01.03.02.02.03.00	Custo dos Serviços Prestados a Convênios/ Contratos/Parcerias	Contas que registram o custo da prestação do serviço para os pacientes vinculados aos convênios/ contratos/parcerias, exceto àqueles que estão no SUS.	A

Código	Descrição / Título da Conta	Orientações	Tipo de conta
4.01.03.02.02.04.00	Custo dos Serviços Prestados a Doações/ Subvenções Vinculadas	Contas que registram o custo da prestação do serviço para os pacientes vinculados às doações/ subvenções vinculadas (Dec. nº 2.536/1998, art. 3º, inciso V), com destinação à área de saúde, preferencialmente segregadas por níveis federal, estadual e municipal.	A
4.01.03.02.02.05.00	Custo dos Serviços Prestados a Doações	Contas que registram o custo da prestação do serviço para os pacientes vinculados às demais doações, com destinação à área de saúde, exceto àquelas doações vinculadas.	A
4.01.03.02.02.06.00	Custo dos Serviços Prestados a Gratuidade	Contas que registram o custo da prestação do serviço para os pacientes com gratuidades do pagamento, exceto às vinculadas ao SUS.	A
4.01.03.02.02.07.00	Outros Custos		A
4.01.03.02.03	CUSTO DOS SERVIÇOS PRESTADOS PARA ASSISTÊNCIA SOCIAL		S
4.01.03.02.03.01.00	Custo dos Serviços Prestados a Pacientes Particulares	Contas que registram o custo da prestação do serviço para os usuários particulares.	A
4.01.03.02.03.02.00	Custo dos Serviços Prestados a Convênios/ Contratos/Parcerias	Contas que registram o custo da prestação do serviço para os usuários vinculados aos convênios/ contratos/parcerias, exceto àqueles que estão vinculados por doações e por subvenções.	A
4.01.03.02.03.03.00	Custo dos Serviços Prestados a Doações/ Subvenções Vinculadas	Contas que registram o custo da prestação do serviço para os usuários vinculados a doações/ subvenções vinculadas (Dec. nº 2.536/1998, art. 3º, inciso V), com destinação à área de assistência social, preferencialmente segregadas por níveis federal, estadual e municipal.	A
4.01.03.02.03.04.00	Custo dos Serviços Prestados a Doações	Contas que registram o custo da prestação do serviço para os pacientes vinculados às demais doações, com destinação à área de saúde, exceto àquelas doações vinculadas.	A
4.01.03.02.03.05.00	Custo dos Serviços Prestados a Gratuidade	Contas que registram o custo da prestação do serviço para os usuários com gratuidades do pagamento, exceto às atividades vinculadas por doações e por subvenções. Em especial, ao público-alvo da política nacional de assistência social.	A
4.01.03.02.03.06.00	Outros Custos		A

Código	Descrição / Título da Conta	Orientações	Tipo de conta
4.01.03.02.04	CUSTO DOS SERVIÇOS PRESTADOS PARA AS DEMAIS ATIVIDADES		S
4.01.03.02.04.01.00	Custo dos Serviços Prestados em Geral	Contas que registram o custo da prestação do serviço para as demais atividades, não informadas anteriormente.	A
4.01.03.02.04.02.00	Outros Custos		A
4.01.05	OUTRAS RECEITAS OPERACIONAIS		S
4.01.05.01	OUTRAS RECEITAS OPERACIONAIS		S
4.01.05.01.01	OUTRAS RECEITAS OPERACIONAIS		S
4.01.05.01.01.01.00	Variações Cambiais Ativas	Contas que registram os ganhos apurados em razão de variações ativas decorrentes da atualização dos direitos de crédito e obrigações, calculados com base nas variações das taxas de câmbio. Atenção: 1) as variações cambiais ativas decorrentes dos direitos de crédito e de obrigações, em função da taxa de câmbio, são consideradas como receita financeira, inclusive para fins de cálculo do lucro da exploração (Lei nº 9.718, art. 9º c/c art. 17); 2) nas atividades de compra e venda, loteamento, incorporação e construção de imóveis, as variações cambiais ativas são reconhecidas como receita segundo as normas constantes da IN SRF nº 84/79, de 20 de dezembro de 1979, da IN SRF nº 23/83, de 25 de março de 1983, e da IN SRF nº 67/88, de 21 de abril de 1988 (IN SRF nº 25/99, de 25 de fevereiro de 1999).	A
4.01.05.01.01.02.00	Ganhos Auferidos no Mercado de Renda Variável, exceto *day-trade*	Contas que registram: a) o somatório dos ganhos auferidos, em cada mês do período de apuração, em operações realizadas nas bolsas de valores, de mercadorias, de futuros e assemelhadas, existentes no País; b) os ganhos auferidos nas alienações, fora de bolsa, de ouro, ativo financeiro, e de participações societárias, exceto as alienações de participações societárias permanentes em sociedades coligadas e controladas e de participações societárias que permanecerem no ativo da pessoa jurídica até o término do ano-calendário seguinte ao de suas aquisições;	A

Código	Descrição / Título da Conta	Orientações	Tipo de conta
		c) os rendimentos auferidos em operações de *swap* e no resgate de quota de fundo de investimento cujas carteiras sejam constituídas, no mínimo, por 67% (sessenta e sete por cento) de ações no mercado a vista de bolsa de valores ou entidade assemelhada (Lei nº 9.532, de 1997, art. 28, alterado pela MP nº 1.636, de 1998, art. 2º, e reedições). Considera-se ganho o resultado positivo auferido nas operações citadas acima, realizadas em cada mês, admitida a dedução dos custos e despesas incorridos, necessários à realização das operações. Atenção: 1) os ganhos auferidos em operações *day-trade* devem ser informados em conta específica; 2) o valor correspondente às perdas incorridas no mercado de renda variável, exceto *day-trade*, deve ser informado em conta específica; 3) são consideradas assemelhadas às bolsas de valores, de mercadorias e de futuros, as entidades cujo objeto social seja análogo ao das referidas bolsas e que funcionem sob a supervisão e fiscalização da Comissão de Valores Mobiliários (CVM).	
4.01.05.01.01.03.00	Ganhos em Operações *day-trade*	Contas que registram os ganhos diários auferidos, em cada mês do período de apuração, em operações *day-trade*. Considera-se ganho o resultado positivo auferido nas operações citadas acima, realizadas em cada mês, admitida a dedução dos custos e despesas incorridos, necessários à realização das operações. Não se caracteriza como *day-trade* o exercício da opção e a venda ou compra do ativo no mercado a vista, no mesmo dia. Também não se caracterizam como *day-trade* as operações iniciadas por intermédio de uma instituição e encerradas em outra, quando houver a liquidação física mediante movimentação de títulos ou valores mobiliários em custódia. Atenção: o valor correspondente às perdas incorridas nas operações *day-trade* deve ser informado em conta específica.	A
4.01.05.01.01.04.00	Outras Receitas de Aplicações Financeiras	Contas que registram receitas auferidas no período de apuração relativas a juros, descontos, lucro na operação de reporte, prêmio de resgate de títulos ou debêntures e rendimento nominal auferido em aplicações financeiras de renda fixa, não incluídas	A

Código	Descrição / Título da Conta	Orientações	Tipo de conta
		em outras contas. As receitas dessa natureza, derivadas de operações com títulos vencíveis após o encerramento do período de apuração, serão rateadas segundo o regime de competência. Atenção: 1) as variações monetárias ativas decorrentes da atualização dos direitos de crédito e das obrigações, em função de índices ou coeficientes aplicáveis por disposição legal ou contratual, devem ser informadas como receita financeira; 2) as variações cambiais ativas devem ser informadas na conta específica.	
4.01.05.01.01.05.00	Ganhos na Alienação de Participações Não Integrantes do Ativo Permanente	Contas que registram os ganhos auferidos na alienação de ações, títulos ou quotas de capital não integrantes do ativo permanente, desde que não incluídos em outra conta específica.	A
4.01.05.01.01.06.00	Resultados Positivos em Participações Societárias	Contas que registram: a) os lucros e dividendos derivados de investimentos avaliados pelo custo de aquisição; b) os ganhos por ajustes no valor de investimentos relevantes avaliados pelo método da equivalência patrimonial, decorrentes de lucros apurados nas controladas e coligadas; Atenção: considera-se controlada a filial, a agência, a sucursal, a dependência ou o escritório de representação no exterior, sempre que os respectivos ativos e passivos não estejam incluídos na contabilidade da investidora, por força de normatização específica. c) as amortizações de deságios nas aquisições de investimentos avaliados pelo patrimônio líquido. O valor amortizado que for excluído do lucro líquido para determinação do lucro real deve ser controlado na Parte B do Livro de Apuração do Lucro Real até a alienação ou baixa da participação societária, quando, então, deve ser adicionado ao lucro líquido para determinação do lucro real no período de apuração em que for computado o ganho ou perda de capital havido. d) as bonificações recebidas; Atenção: d.1) as bonificações recebidas, decorrentes da incorporação de lucros ou reservas não tributados na forma do art. 35 da Lei nº 7.713, de 1988, ou apurados nos anos-calendário de 1994 ou 1995,	A

Código	Descrição / Título da Conta	Orientações	Tipo de conta
		são consideradas a custo zero, não afetando o valor do investimento nem o resultado do período de apuração (art. 3º da Lei nº 8.849, de 1994, e art. 3º da Lei nº 9.064, de 1995); d.2) no caso de investimento avaliado pelo custo de aquisição, as bonificações recebidas, decorrentes da incorporação de lucros ou reservas tributados na forma do art. 35 da Lei nº 7.713, de 1988, e de lucros ou reservas apurados no ano-calendário de 1993 ou a partir do ano-calendário de 1996, são registradas tomando-se como custo o valor da parcela dos lucros ou reservas capitalizados. e) os lucros e dividendos de participações societárias avaliadas pelo custo de aquisição; Atenção: os lucros ou dividendos recebidos em decorrência de participações societárias avaliadas pelo custo de aquisição adquiridas até 6 (seis) meses antes da data do recebimento devem ser registrados como diminuição do valor do custo, não sendo incluídos nessa conta. f) os resultados positivos decorrentes de participações societárias no exterior avaliadas pelo patrimônio líquido, os dividendos de participações avaliadas pelo custo de aquisição e os resultados de equivalência patrimonial relativos a filiais, sucursais ou agências da pessoa jurídica localizadas no exterior, em decorrência de operações realizadas naquelas filiais, sucursais ou agências. Os lucros auferidos no exterior serão adicionados ao lucro líquido, para efeito de determinação do lucro real, no período de apuração correspondente ao balanço levantado em 31 de dezembro do ano-calendário em que tiverem sido disponibilizados, observando-se o disposto nos arts. 394 e 395 do Decreto nº 3.000, de 1999, e no art. 74 da Medida Provisória nº 2.158-35, de 24 de agosto de 2001.	
4.01.05.01.01.07.00	Rendimentos e Ganhos de Capital Auferidos no Exterior	Contas que registram os rendimentos e ganhos de capital auferidos no exterior diretamente pela pessoa jurídica domiciliada no Brasil, pelos seus valores antes de descontado o tributo pago no país de origem. Atenção: os ganhos de capital referentes a alienações de bens e direitos do ativo permanente situados no exterior devem ser informados na conta Outras Receitas Não Operacionais.	A

Código	Descrição / Título da Conta	Orientações	Tipo de conta
4.01.05.01.01.08.00	Reversão dos Saldos das Provisões Operacionais	Contas que registram a reversão de saldos não utilizados das provisões constituídas no balanço do período de apuração imediatamente anterior.	A
4.01.05.01.01.09.00	Outras Receitas Operacionais	Contas que registram todas as demais receitas que, por definição legal, sejam consideradas operacionais, tais como: a) aluguéis de bens por empresa que não tenha por objeto a locação de móveis e imóveis; b) recuperações de despesas operacionais de períodos de apuração anteriores, tais como: prêmios de seguros, importâncias levantadas das contas vinculadas do FGTS, ressarcimento de desfalques, roubos e furtos etc. As recuperações de custos e despesas no decurso do próprio período de apuração devem ser creditadas diretamente às contas de resultado em que foram debitadas; c) os créditos presumidos do IPI para ressarcimento do valor da Contribuição ao PIS/PASEP e COFINS; d) multas ou vantagens a título de indenização em virtude de rescisão contratual (Lei nº 9.430, de 1996, art. 70, § 3º, II); e) o crédito presumido da contribuição para o PIS/PASEP e da COFINS concedido na forma do art. 3º da Lei nº 10.147, de 2000.	A
4.01.05.01.01.10.00	Outras		A
4.01.07	DESPESAS OPERACIONAIS		S
4.01.07.01	DESPESAS OPERACIONAIS		S
4.01.07.01.01	DESPESAS OPERACIONAIS		S
4.01.07.01.01.00	Remunerações a Empregados	Contas que registram os valores lançados como salários, gratificações, horas extras, adicionais e similares pagos a empregados da entidade.	A
4.01.07.01.02.00	Indenizações Trabalhistas	Contas que registram os valores lançados como abonos pecuniários, indenização de 40% do FGTS, indenizações determinadas pelo Juiz e similares pagas aos empregados.	A
4.01.07.01.03.00	Remuneração a Dirigentes e a Conselho de Administração/Fiscal	Contas que registram a despesa incorrida relativa à remuneração mensal e fixa atribuída ao titular de firma individual, aos sócios, diretores e administradores de sociedades, ou aos	A

Código	Descrição / Título da Conta	Orientações	Tipo de conta
		representantes legais de sociedades estrangeiras, as despesas incorridas com os salários indiretos concedidos pela empresa a administradores, diretores, gerentes e seus assessores (PN Cosit nº 11, de 1992), e o valor referente às remunerações atribuídas aos membros do conselho fiscal/ administração/consultivo.	
4.01.07.01.04.00	Prestação de Serviços por Pessoa Física sem Vínculo Empregatício	Contas que registram as despesas correspondentes aos serviços prestados por pessoa física que não tenha vínculo empregatício com a pessoa jurídica declarante, tais como: comissões, corretagens, gratificações, honorários e outras remunerações, inclusive as relativas a empreitadas de obras exclusivamente de trabalho e as decorrentes de fretes e carretos em geral.	A
4.01.07.01.05.00	Prestação de Serviço por Pessoa Jurídica	Contas que registram, salvo se houver conta mais específica, o valor das despesas correspondentes aos serviços prestados por outra pessoa jurídica.	A
4.01.07.01.06.00	Doações e Patrocínios de Caráter Cultural e Artístico (Lei nº 8.313/1991)	Contas que registram as doações e patrocínios efetuados no período de apuração em favor de projetos culturais previamente aprovados pelo Ministério da Cultura ou pela Agência Nacional do Cinema (Ancine), observada a legislação de concessão dos projetos.	A
4.01.07.01.07.00	Doações a Instituições de Ensino e Pesquisa (Lei nº 9.249/1995, art. 13, § 2º)	Contas que registram as doações a instituições de ensino e pesquisa cuja criação tenha sido autorizada por lei federal e que preencham os requisitos dos incisos I e II do art. 213 da Constituição Federal, de 1988, que são: a) comprovação de finalidade não lucrativa e aplicação dos excedentes financeiros em educação; b) assegurar a destinação do seu patrimônio a outra escola comunitária, filantrópica ou confessional, ou ao Poder Público, no caso de encerramento de suas atividades.	A
4.01.07.01.08.00	Doações a Entidades Civis	Contas que registram as doações efetuadas a: a) entidades civis, legalmente constituídas no Brasil, sem fins lucrativos, que prestem serviços gratuitos em benefício de empregados da pessoa jurídica doadora, e respectivos dependentes, ou em benefício da comunidade na qual atuem; b) Organizações da Sociedade Civil de Interesse Público (OSCIP), qualificadas segundo as normas estabelecidas na Lei nº 9.790, de 23 de março de 1999.	A

Código	Descrição / Título da Conta	Orientações	Tipo de conta
4.01.07.01.09.00	Outras Contribuições e Doações	Contas que registram as doações feitas, entre outras, aos Fundos controlados pelos Conselhos Municipais, Estaduais e Nacional dos Direitos da Criança e do Adolescente.	A
4.01.07.01.10.00	FGTS (sem indenização 40%)	Contas que registram o FGTS, inclusive os valores do FGTS do 13º salário. Não informar os valores de indenização da multa de 40% do FGTS nesse item, e sim, na conta Indenizações Trabalhistas.	A
4.01.07.01.11.00	Assistência Médica, Odontológica, Medicamentos, Aparelhos Ortopédicos e Similares	Contas que registram as despesas com assistência médica, odontológica e farmacêutica. Atenção: o valor referente à contratação de serviços de profissionais liberais sem vínculo empregatício ou de sociedades civis deve ser informado nas contas Prestação de Serviços por Pessoa Física sem Vínculo Empregatício ou Prestação de Serviço por Pessoa Jurídica, conforme o caso.	A
4.01.07.01.12.00	Provisões para Férias e 13º Salário de Empregados	Contas que registram as despesas com a constituição de provisões para: a) pagamento de remuneração correspondente a férias e adicional de férias de empregados, inclusive encargos sociais (Decreto nº 3.000, de 1999, art. 337, e PN CST nº 7, de 1980); b) o 13º salário, inclusive encargos sociais (Decreto nº 3.000, de 1999, art. 338).	A
4.01.07.01.13.00	Demais Provisões	Contas que registram as despesas com provisões não relacionadas nas contas específicas.	A
4.01.07.01.14.00	Arrendamento Mercantil	Contas que registram as despesas, não computadas nos custos, pagas ou creditadas a título de contraprestação de arrendamento mercantil, decorrentes de contrato celebrado com observância da Lei nº 6.099, de 12 de setembro de 1974, com as alterações da Lei nº 7.132, de 26 de outubro de 1983, e da Portaria MF nº 140, de 1984.	A
4.01.07.01.15.00	Aluguéis	Contas que registram as despesas com aluguéis não decorrentes de arrendamento mercantil.	A
4.01.07.01.16.00	Despesas com Veículos e de Conservação de Bens e Instalações	Contas que registram as despesas relativas aos bens que não estejam ligados diretamente à produção, as realizadas com reparos que não impliquem aumento superior a um ano da vida útil do bem, prevista no ato de sua aquisição, e as relativas a combustíveis e lubrificantes para veículos.	A
4.01.07.01.17.00	Propaganda e Publicidade	Contas que registram as despesas com propaganda e publicidade. Atenção: o valor referente à contratação de serviços de profissionais liberais sem vínculo empregatício	A

Código	Descrição / Título da Conta	Orientações	Tipo de conta
		ou de sociedades civis deve ser informado nas contas Prestação de Serviços por Pessoa Física sem Vínculo Empregatício ou Prestação de Serviço por Pessoa Jurídica, conforme o caso.	
4.01.07.01.18.00	Multas	Contas que registram as despesas com multas.	A
4.01.07.01.19.00	Encargos de Depreciação e Amortização	Contas que registram apenas os encargos a esses títulos, com bens não aplicados diretamente na produção. Inclui a amortização dos ajustes de variação cambial contabilizada no ativo diferido, relativa à atividade geral da pessoa jurídica.	A
4.01.07.01.20.00	Repasses para Outras Entidades (Sindicatos/Federações/ Confederações)	Contas em que foram repassadas parte das contribuições/doações/mensalidades e similares para Sindicatos/Federações/Confederações.	A
4.01.07.01.21.00	Contribuições Previdenciárias Patronais	Contas que registram as contribuições previdenciárias devidas. No caso de imunes/isentas, informar o valor da contribuição previdenciária patronal devida como se sem isenção estivesse, devendo fazer um novo lançamento de reversão para evidenciar que é isenta.	A
4.01.07.01.22.00	COFINS	Contas que registram a COFINS devida. No caso de imunes/isentas, informar o valor da COFINS devida como se sem isenção estivesse, devendo fazer um novo lançamento de reversão para evidenciar que é isenta.	A
4.01.07.01.23.00	CSLL	Contas que registram a CSLL devida. No caso de imunes/isentas, informar o valor da CSLL devida como se sem isenção estivesse, devendo fazer um novo lançamento de reversão para evidenciar que é isenta.	A
4.01.07.01.24.00	PIS/PASEP	Contas que registram o valor da contribuição para o PIS/PASEP devida.	A
4.01.07.01.25.00	CPMF	Contas que registram o valor da CPMF devida.	A
4.01.07.01.26.00	Demais Impostos, Taxas e Contribuições, exceto as citadas acima.	Contas que registram os demais impostos, taxas e contribuições, exceto: a) incorporadas ao custo de bens do ativo permanente; b) correspondentes aos impostos não recuperáveis, incorporados ao custo das matérias-primas, materiais secundários, materiais de embalagem e mercadorias destinadas à revenda; c) correspondentes aos impostos recuperáveis; d) correspondentes aos impostos e contribuições redutores da receita bruta.	A

Código	Descrição / Título da Conta	Orientações	Tipo de conta
4.01.07.01.27.00	Outras Despesas Operacionais		A
4.01.09	OUTRAS DESPESAS OPERACIONAIS		S
4.01.09.01	OUTRAS DESPESAS OPERACIONAIS		S
4.01.09.01.01	OUTRAS DESPESAS OPERACIONAIS		S
4.01.09.01.01.01.00	(–) Variações Cambiais Passivas	Contas que registram as perdas monetárias passivas resultantes da atualização dos direitos de créditos e das obrigações, calculadas com base nas variações nas taxas de câmbio (Lei nº 9.069, de 1995, art. 52, e Lei nº 9.249, de 1995, art. 8º), inclusive a variação cambial passiva correspondente: a) à atualização das obrigações e dos créditos em moeda estrangeira, registrada em qualquer data e apurada no encerramento do período de apuração em função da taxa de câmbio vigente; b) às operações com moeda estrangeira e conversão de obrigações para moeda nacional, ou novação dessas obrigações, ou sua extinção, total ou parcial, em virtude de capitalização, dação em pagamento, compensação, ou qualquer outro modo, desde que observadas as condições fixadas pelo Banco Central do Brasil.	A
4.01.09.01.01.02.00	(–) Perdas Incorridas no Mercado de Renda Variável, exceto *day-trade*	Contas que registram: a) o somatório das perdas incorridas, em cada mês do período de apuração, em operações realizadas nas bolsas de valores, de mercadorias, de futuros e assemelhadas, existentes no País; b) as perdas incorridas nas alienações, fora de bolsa, de ouro, ativo financeiro e de participações societárias, exceto as alienações de participações societárias permanentes em sociedades coligadas e controladas e de participações societárias, que permanecerem no ativo da pessoa jurídica até o término do ano-calendário seguinte ao de suas aquisições; c) as perdas em operações de *swap* e no resgate de quota de fundo de investimento que mantenha, no mínimo, 67% (sessenta e sete por cento) de ações negociadas no mercado a vista de bolsa de valores ou entidade assemelhada (Lei nº 9.532, de 1997, art. 28, alterado pela MP nº 1.636, de 1998, art. 2º,	A

Código	Descrição / Título da Conta	Orientações	Tipo de conta
		e reedições). São consideradas assemelhadas às bolsas de valores, de mercadorias e de futuros, as entidades cujo objeto social seja análogo ao das referidas bolsas e que funcionem sob a supervisão e fiscalização da Comissão de Valores Mobiliários (CVM). Atenção: As perdas apuradas em operações *day-trade* devem ser informadas em conta própria.	
4.01.09.01.01.03.00	(–) Perdas em Operações *day-trade*	Contas que registram o somatório das perdas diárias apuradas, em cada mês do período de apuração, em operações *day-trade*. Não se caracteriza como *day-trade* o exercício da opção e a venda ou compra do ativo no mercado a vista, no mesmo dia. Também não se caracterizam como *day-trade* as operações iniciadas por intermédio de uma instituição e encerradas em outra, quando houver a liquidação física mediante movimentação de títulos ou valores mobiliários em custódia.	A
4.01.09.01.01.04.00	(–) Outras Despesas de Aplicações	Contas que registram as despesas relativas a juros, não incluídas em outras contas, a descontos de títulos de crédito e outros títulos. Tais despesas serão obrigatoriamente rateadas, segundo o regime de competência. Atenção: 1) as variações monetárias passivas decorrentes da atualização das obrigações, em função de índices ou coeficientes aplicáveis por disposição legal ou contratual, devem ser informadas como despesas financeiras; 2) as variações cambiais passivas não devem ser informadas nessa conta, e sim na conta Variações Cambiais Passivas.	A
4.01.09.01.01.05.00	(–) Prejuízos na Alienação de Participações Não Integrantes do Ativo Permanente	Contas que registram os prejuízos havidos em virtude de alienação, títulos não integrantes do ativo permanente, desde que não incluídos nas contas acima.	A
4.01.09.01.01.06.00	(–) Resultados Negativos em Participações Societárias	Contas que registram as perdas por ajustes no valor de investimentos relevantes, avaliados pelo método da equivalência patrimonial, decorrentes de prejuízos apurados nas controladas e coligadas. Atenção: considera-se controlada a filial, a agência, a sucursal, a dependência ou o escritório de representação no exterior, sempre que os respectivos ativos e passivos não estejam incluídos na contabilidade da investidora, por força de normatização específica.	A

Código	Descrição / Título da Conta	Orientações	Tipo de conta
		Devem, também, ser indicados nessa conta os resultados negativos derivados de participações societárias no exterior, avaliadas pelo patrimônio líquido. Incluem-se, nessas informações, as perdas apuradas em filiais, sucursais e agências da pessoa jurídica localizadas no exterior.	
4.01.09.01.01.07.00	(–) Perdas em Operações Realizadas no Exterior	Contas que registram as perdas em operações realizadas no exterior diretamente pela pessoa jurídica domiciliada no Brasil, com exceção das perdas de capital decorrentes da alienação de bens e direitos do ativo permanente situados no exterior, que devem ser indicadas na conta Outras Despesas Não Operacionais.	A
4.01.09.01.01.08.00	Outras Despesas Operacionais		A
4.03	OUTRAS RECEITAS E DESPESAS		S
4.03.01	RECEITAS E DESPESAS NÃO OPERACIONAIS		S
4.03.01.01	RECEITAS E DESPESAS NÃO OPERACIONAIS		S
4.03.01.01.01	RECEITAS NÃO OPERACIONAIS		S
4.03.01.01.01.01.00	Receitas de Alienações de Bens e Direitos do Ativo Permanente	Contas que registram as receitas auferidas por meio de alienações, inclusive por desapropriação de bens e direitos do ativo permanente. O valor relativo às receitas obtidas pela venda de sucata e de bens ou direitos do ativo permanente baixados em virtude de terem se tornado imprestáveis, obsoletos ou caído em desuso deve ser informado na conta Outras Receitas Não Operacionais. Os valores correspondentes ao ganho ou perda de capital decorrente da alienação de bens e direitos do ativo permanente situados no exterior devem ser indicados, pelo seu resultado, nas contas Outras Receitas Não Operacionais ou Outras Despesas Não Operacionais, conforme o caso.	A
4.03.01.01.01.02.00	Outras Receitas Não Operacionais	Contas que registram: a) todas as demais receitas decorrentes de operações não incluídas nas atividades principais e acessórias da empresa, tais como: a reversão do saldo da provisão para perdas prováveis na realização de investimentos e a reserva de	A

Código	Descrição / Título da Conta	Orientações	Tipo de conta
		reavaliação realizada no período de apuração, quando computada em conta de resultado; b) os ganhos de capital por variação na percentagem de participação no capital social de coligada ou controlada, quando o investimento for avaliado pela equivalência patrimonial (Decreto nº 3.000, de 1999, art. 428); c) os ganhos de capital decorrentes da alienação de bens e direitos do ativo permanente situados no exterior. Devem ser indicadas tanto as contas que registram as receitas quanto as que registram os custos.	
4.03.02.01.01	DESPESAS NÃO OPERACIONAIS		S
4.03.02.01.01.01.00	(–) Valor Contábil dos Bens e Direitos Alienados	Contas que registram o valor contábil dos bens do ativo permanente baixados no curso do período de apuração, cuja receita da venda tenha sido indicada na conta Receitas de Alienações de Bens e Direitos do Ativo Permanente. O valor contábil de bens ou direitos baixados em virtude de terem se tornado imprestáveis, obsoletos ou caído em desuso e o valor contábil de bens ou direitos situados no exterior devem ser informados na conta Outras Receitas Não Operacionais.	A
4.03.02.01.01.02.00	(–) Outras Despesas Não Operacionais	Contas que registram: a) o valor contábil dos bens do ativo permanente baixados no curso do período de apuração não incluídos na conta precedente e a despesa com a constituição da provisão para perdas prováveis na realização de investimentos; Atenção: sobre a definição de valor contábil, consultar o § 1º do art. 418 e o art. 426, ambos do Decreto nº 3.000, de 1999. b) as perdas de capital por variação na percentagem de participação no capital social de coligada ou controlada no Brasil, quando o investimento for avaliado pela equivalência patrimonial (Decreto nº 3.000, de 1999, art. 428).	A
5	CUSTOS DE PRODUÇÃO		S
5.01	CUSTO DOS BENS E SERVIÇOS PRODUZIDOS		S

Código	Descrição / Título da Conta	Orientações	Tipo de conta
5.01.01	CUSTO DOS PRODUTOS DE FABRICAÇÃO PRÓPRIA PRODUZIDOS		S
5.01.01.01.00	Consumo de Insumos	Contas que registram o consumo, durante o período de apuração, de matéria-prima, material direto e material de embalagem, no mercado interno e externo, para utilização no processo produtivo, os valores referentes aos custos com transporte e seguro até o estabelecimento do contribuinte, os tributos não recuperáveis devidos na importação e o custo relativo ao desembaraço aduaneiro.	A
5.01.01.04.00	Remuneração a Dirigentes Ligados à Produção	Contas que registram: a) a remuneração mensal e fixa dos dirigentes diretamente ligados à produção, pelo valor total do custo incorrido no período de apuração, exceto os encargos sociais (Previdência Social e FGTS) que são informados em conta distinta; b) o valor relativo aos custos incorridos com salários indiretos concedidos pela empresa a administradores, diretores, gerentes e seus assessores, se ligados diretamente à produção (PN Cosit nº 11, de 30 de setembro de 1992). Atenção: deve ser incluído nessa conta o valor das gratificações dos dirigentes ligados à produção, inclusive o 13º salário.	A
5.01.01.05.00	Custo do Pessoal Aplicado na Produção	Contas que representem o custo com ordenados, salários e outros custos com empregados ligados à produção da empresa, tais como: moradia, seguro de vida e outras de caráter remuneratório. Inclusive os custos com supervisão direta, manutenção e guarda das instalações, decorrentes de vínculo empregatício com a pessoa jurídica.	A
5.01.01.05.03	Planos de Poupança e Investimentos de Empregados Ligados à Produção	Contas que registram o valor total dos gastos efetuados com Planos de Poupança e Investimentos (PAIT), relativos ao pessoal ligado à produção.	A
5.01.01.05.05	Fundo de Aposentadoria Programada Individual de Empregados Ligados à Produção	Contas que registram o valor total dos gastos efetuados com Fundos de Aposentadoria Programada Individual (FAPI), relativos ao pessoal ligado à produção.	A
5.01.01.05.07	Plano de Previdência Privada de Empregados Ligados à Produção	Contas que registram o valor total dos gastos efetuados com Planos de Previdência Privada, relativos ao pessoal ligado à produção.	A

Código	Descrição / Título da Conta	Orientações	Tipo de conta
5.01.01.05.09	Outros Gastos com Pessoal Ligado à Produção	Contas que registram os gastos com empregados, computados nos custos, não enquadrados nas contas precedentes. Atenção: não deve ser informado nessa conta o valor referente às participações dos empregados no lucro da pessoa jurídica. Esse valor deve ser informado na conta Participações de Empregados.	A
5.01.01.06.00	Prestação de Serviços por Pessoa Física sem Vínculo Empregatício	Contas que registram, salvo se houver conta mais específica, os gastos correspondentes aos serviços prestados por pessoa física que não tenha vínculo empregatício com a pessoa jurídica, tais como: comissões, corretagens, gratificações, honorários, direitos autorais e outras remunerações, inclusive as relativas a empreitadas de obras exclusivamente de trabalho e as decorrentes de fretes e carretos em geral, computadas nos custos.	A
5.01.01.07.00	Prestação de Serviço Pessoa Jurídica	Contas que registram, salvo se houver conta mais específica, o valor dos gastos correspondentes aos serviços prestados por outra pessoa jurídica à pessoa jurídica declarante, computados nos custos.	A
5.01.01.08.00	Serviços Prestados por Cooperativa de Trabalho	Contas que registram os serviços prestados por cooperativa de trabalho.	A
5.01.01.09.00	Locação de mão de obra	Contas que registram o valor total dos gastos efetuados no período com a contratação de serviços executados mediante cessão de mão de obra ou empreitada, inclusive em regime temporário, sujeitos à retenção de contribuição previdenciária, nos termos do art. 219 do Regulamento da Previdência Social – RPS, aprovado pelo Decreto nº 3.048, de 1999.	A
5.01.01.10.00	Encargos Sociais – Previdência Social	Contas que registram as contribuições para a Previdência Social (inclusive dos dirigentes de indústria – PN CST nº 35, de 31 de agosto de 1981), relativas ao pessoal ligado diretamente à produção.	A
5.01.01.11.00	Encargos Sociais – FGTS	Contas que registram as contribuições para o FGTS (inclusive dos dirigentes de indústria – PN CST nº 35, de 31 de agosto de 1981), relativas ao pessoal ligado diretamente à produção.	A
5.01.01.12.00	Encargos Sociais – Outros	Contas que registram encargos sociais, relativos ao pessoal ligado diretamente à produção, não classificados nas contas Encargos Sociais – Previdência Social ou Encargos Sociais – FGTS.	A

Código	Descrição / Título da Conta	Orientações	Tipo de conta
5.01.01.13.00	Alimentação do Trabalhador	Contas que registram os custos com alimentação do pessoal ligado diretamente à produção, realizados durante o período de apuração, ainda que a pessoa jurídica não tenha Programa de Alimentação do Trabalhador aprovado pelo Ministério do Trabalho.	A
5.01.01.14.00	Manutenção e Reparo de Bens Aplicados na Produção	Contas que representam somente os custos realizados com reparos que não implicaram aumento superior a um ano da vida útil prevista no ato da aquisição do bem.	A
5.01.01.15.00	Arrendamento Mercantil	Contas que representam o valor do custo incorrido a título de contraprestação de arrendamento mercantil de bens alocados na produção, segundo contratos celebrados com observância da Lei nº 6.099, de 12 de setembro de 1974, com as alterações da Lei nº 7.132, de 26 de outubro de 1983. Os custos com aluguel de outros bens alocados à produção, mediante contrato diferente do de arrendamento mercantil, devem ser indicados em "Outros Custos". Os valores referentes a bens que não sejam intrinsecamente relacionados com a produção devem ser informados na conta Arrendamento Mercantil do grupo DESPESAS OPERACIONAIS DAS ATIVIDADES EM GERAL.	A
5.01.01.16.00	Encargos de Depreciação, Amortização e Exaustão	Contas que registram os encargos a esses títulos com bens aplicados diretamente na produção. Os encargos que não forem decorrentes de bens intrinsecamente relacionados com a produção devem ser informados na conta Encargos de Depreciação e Amortização do grupo DESPESAS OPERACIONAIS DAS ATIVIDADES EM GERAL.	A
5.01.01.17.00	Constituição de Provisões	Contas que registram os encargos com a constituição de provisões que devam ser imputados aos custos de produção da empresa no período de apuração.	A
5.01.01.18.00	Serviços Prestados por Pessoa Física sem Vínculo Empregatício	Contas que registram, salvo se houver conta mais específica nesse plano referencial, os custos correspondentes aos serviços prestados à pessoa jurídica por pessoa física sem vínculo empregatício, relacionados com a atividade industrial da pessoa jurídica.	A
5.01.01.19.00	Serviços Prestados Pessoa Jurídica	Contas que registram, salvo se houver conta mais específica nesse plano referencial, os custos correspondentes aos serviços prestados por pessoa jurídica, relacionados com atividade industrial da pessoa jurídica declarante.	A

Código	Descrição / Título da Conta	Orientações	Tipo de conta
5.01.01.20.00	*Royalties* e Assistência Técnica – país	Contas que registram as importâncias pagas a beneficiário pessoa física ou jurídica, residente ou domiciliado no Brasil, a título de *royalties* e assistência técnica, científica ou assemelhada, que estejam relacionadas com a atividade industrial.	A
5.01.01.21.00	*Royalties* e Assistência Técnica – exterior	Contas que registram as importâncias pagas a beneficiário pessoa física ou jurídica, residente ou domiciliado no exterior, a título de *royalties* e assistência técnica, científica ou assemelhada, que estejam relacionadas com a atividade industrial.	A
5.01.01.90.00	Outros Custos	Contas que representam os demais custos da empresa no processo de produção, para os quais não haja conta mais específica ou cujas classificações contábeis não se adaptem à nomenclatura específica, tais como: custo referente ao valor de bens de consumo eventual; as quebras ou perdas de estoque, e as ocorridas na fabricação, no transporte e manuseio.	A
5.01.03	CUSTO DOS SERVIÇOS PRODUZIDOS		S
5.01.03.02.00	Material Aplicado na Produção de Serviços	Contas correspondentes aos materiais aplicados diretamente na produção de serviços durante o período de apuração.	A
5.01.03.04.00	Remuneração a Dirigentes ligados à Produção de Serviços	Contas que registram: a) a remuneração mensal e fixa dos dirigentes diretamente ligados à produção de serviços, pelo valor total do custo incorrido no período de apuração, exceto os encargos sociais (Previdência Social e FGTS) que são informados em conta distinta; b) o valor relativo aos custos incorridos com salários indiretos concedidos pela empresa a administradores, diretores, gerentes e seus assessores, se ligados diretamente à produção de serviços (PN Cosit nº 11, de 30 de setembro de 1992). Atenção: deve ser incluído nessa conta o valor das gratificações dos dirigentes ligados à produção de serviços, inclusive o 13º salário.	A
5.01.03.05.00	Custo do Pessoal Aplicado na Produção de Serviços	Contas que representem o custo com ordenados, salários e outros custos com empregados ligados à produção de serviços da empresa, tais como: moradia, seguro de vida e outras de caráter remuneratório. Inclusive os custos com supervisão direta, manutenção e guarda das instalações, decorrentes de vínculo empregatício com a pessoa jurídica.	A

Código	Descrição / Título da Conta	Orientações	Tipo de conta
5.01.03.05.03	Planos de Poupança e Investimentos de Empregados Ligados à Produção de Serviços	Contas que registram o valor total dos gastos efetuados com Planos de Poupança e Investimentos (PAIT), relativos ao pessoal ligado à produção de serviços.	A
5.01.03.05.05	Fundo de Aposentadoria Programada Individual de Empregados Ligados à Produção de Serviços	Contas que registram o valor total dos gastos efetuados com Fundos de Aposentadoria Programada Individual (FAPI), relativos ao pessoal ligado à produção de serviços.	A
5.01.03.05.07	Plano de Previdência Privada de Empregados Ligados à Produção de Serviços	Contas que registram o valor total dos gastos efetuados com Planos de Previdência Privada, relativos ao pessoal ligado à produção de serviços.	A
5.01.03.05.09	Outros Gastos com Pessoal Ligado à Produção de Serviços	Contas que registram os gastos com empregados, computados nos custos, não enquadrados nas contas precedentes. Atenção: não deve ser informado nessa conta o valor referente às participações dos empregados no lucro da pessoa jurídica. Esse valor deve ser informado na conta Participações de Empregados.	A
5.01.03.06.00	Prestação de Serviços por Pessoa Física sem Vínculo Empregatício	Contas que registram, salvo se houver conta mais específica, os gastos correspondentes aos serviços prestados por pessoa física que não tenha vínculo empregatício com a pessoa jurídica, tais como: comissões, corretagens, gratificações, honorários, direitos autorais e outras remunerações, inclusive as relativas a empreitadas de obras exclusivamente de trabalho e as decorrentes de fretes e carretos em geral, computadas nos custos.	A
5.01.03.07.00	Prestação de Serviço Pessoa Jurídica	Contas que registram, salvo se houver conta mais específica, o valor dos gastos correspondentes aos serviços prestados por outra pessoa jurídica à pessoa jurídica declarante, computados nos custos.	A
5.01.03.08.00	Serviços Prestados por Cooperativa de Trabalho	Contas que registram os serviços prestados por cooperativa de trabalho.	A
5.01.03.09.00	Locação de Mão de obra	Contas que registram o valor total dos gastos efetuados no período com a contratação de serviços executados mediante cessão de mão de obra ou empreitada, inclusive em regime temporário, sujeitos à retenção de contribuição previdenciária, nos termos do art. 219 do Regulamento da Previdência Social – RPS, aprovado pelo Decreto nº 3.048, de 1999.	A

Código	Descrição / Título da Conta	Orientações	Tipo de conta
5.01.03.10.00	Encargos Sociais – Previdência Social	Contas que registram as contribuições para a Previdência Social (inclusive dos dirigentes de indústria – PN CST nº 35, de 31 de agosto de 1981), relativas ao pessoal ligado diretamente à produção de serviços.	A
5.01.03.11.00	Encargos Sociais – FGTS	Contas que registram as contribuições para o FGTS (inclusive dos dirigentes de indústria – PN CST nº 35, de 31 de agosto de 1981), relativas ao pessoal ligado diretamente à produção de serviços.	A
5.01.03.12.00	Encargos Sociais – Outros	Contas que registram encargos sociais, relativos ao pessoal ligado diretamente à produção de serviços, não classificados nas contas Encargos Sociais – Previdência Social ou Encargos Sociais – FGTS.	A
5.01.03.13.00	Alimentação do Trabalhador	Contas que registram os custos com alimentação do pessoal ligado diretamente à produção de serviços, realizados durante o período de apuração, ainda que a pessoa jurídica não tenha Programa de Alimentação do Trabalhador aprovado pelo Ministério do Trabalho.	A
5.01.03.14.00	Manutenção e Reparo de Bens Aplicados na Produção de Serviços	Contas que representam somente os custos realizados com reparos que não implicaram aumento superior a um ano da vida útil prevista no ato da aquisição do bem.	A
5.01.03.15.00	Arrendamento Mercantil	Contas que representam o valor do custo incorrido a título de contraprestação de arrendamento mercantil de bens alocados na produção de serviços, segundo contratos celebrados com observância da Lei nº 6.099, de 12 de setembro de 1974, com as alterações da Lei nº 7.132, de 26 de outubro de 1983. Os custos com aluguel de outros bens alocados à produção de serviços, mediante contrato diferente do de arrendamento mercantil, devem ser indicados em "Outros Custos". Os valores referentes a bens que não sejam intrinsecamente relacionados com a produção de serviços devem ser informados na conta Arrendamento Mercantil do grupo DESPESAS OPERACIONAIS DAS ATIVIDADES EM GERAL.	A
5.01.03.16.00	Encargos de Depreciação, Amortização e Exaustão	Contas que registram os encargos a esses títulos com bens aplicados diretamente na produção de serviços. Os encargos que não forem decorrentes de bens intrinsecamente relacionados com a produção de serviços devem ser informados na conta Encargos de Depreciação e Amortização do grupo DESPESAS OPERACIONAIS DAS ATIVIDADES EM GERAL.	A

Código	Descrição / Título da Conta	Orientações	Tipo de conta
5.01.03.17.00	Constituição de Provisões	Contas que registram os encargos com a constituição de provisões que devam ser imputados aos custos de produção de serviços da empresa no período de apuração.	A
5.01.03.18.00	Serviços Prestados por Pessoa Física sem Vínculo Empregatício	Contas que registram, salvo se houver conta mais específica nesse plano referencial, os custos correspondentes aos serviços prestados à pessoa jurídica por pessoa física sem vínculo empregatício, relacionados com a atividade industrial da pessoa jurídica.	A
5.01.03.19.00	Serviços Prestados Pessoa Jurídica	Contas que registram, salvo se houver conta mais específica nesse plano referencial, os custos correspondentes aos serviços prestados por pessoa jurídica, relacionados com atividade industrial da pessoa jurídica declarante.	A
5.01.03.20.00	*Royalties* e Assistência Técnica – país	Contas que registram as importâncias pagas a beneficiário pessoa física ou jurídica, residente ou domiciliado no Brasil, a título de *royalties* e assistência técnica, científica ou assemelhada, que estejam relacionadas com a atividade industrial.	A
5.01.03.21.00	*Royalties* e Assistência Técnica – exterior	Contas que registram as importâncias pagas a beneficiário pessoa física ou jurídica, residente ou domiciliado no exterior, a título de *royalties* e assistência técnica, científica ou assemelhada, que estejam relacionadas com a atividade industrial.	A
5.01.03.90.00	Outros Custos	Contas que representam os demais custos da empresa no processo de produção de serviços, para os quais não haja conta mais específica ou cujas classificações contábeis não se adaptem a nomenclatura específica, tais como: custo referente ao valor de bens de consumo eventual; as quebras ou perdas de estoque, e as ocorridas na fabricação, no transporte e manuseio.	A
5.01.05	CUSTO DOS PRODUTOS DE FABRICAÇÃO PRÓPRIA PRODUZIDOS DA ATIVIDADE RURAL		S
5.01.05.01.00	Consumo de Insumos	Contas que registram o consumo, durante o período de apuração, de matéria-prima, material secundário e material de embalagem, no mercado interno e externo, para utilização no processo produtivo, os valores referentes aos custos com transporte e seguro até o estabelecimento do contribuinte, os tributos não recuperáveis devidos na importação e o custo relativo ao desembaraço aduaneiro.	A

Código	Descrição / Título da Conta	Orientações	Tipo de conta
5.01.05.04.00	Remuneração a Dirigentes Ligados à Produção	Contas que registram: a) a remuneração mensal e fixa dos dirigentes diretamente ligados à produção, pelo valor total do custo incorrido no período de apuração, exceto os encargos sociais (Previdência Social e FGTS) que são informados em conta distinta; b) o valor relativo aos custos incorridos com salários indiretos concedidos pela empresa a administradores, diretores, gerentes e seus assessores, se ligados diretamente à produção (PN Cosit nº 11, de 30 de setembro de 1992). Atenção: deve ser incluído nessa conta o valor das gratificações dos dirigentes ligados à produção, inclusive o 13º salário.	A
5.01.05.05.00	Custo do Pessoal Aplicado na Produção	Contas que representem o custo com ordenados, salários e outros custos com empregados ligados à produção da empresa, tais como: moradia, seguro de vida e outras de caráter remuneratório. Inclusive os custos com supervisão direta, manutenção e guarda das instalações, decorrentes de vínculo empregatício com a pessoa jurídica.	A
5.01.05.05.03	Planos de Poupança e Investimentos de Empregados Ligados à Produção	Contas que registram o valor total dos gastos efetuados com Planos de Poupança e Investimentos (PAIT), relativos ao pessoal ligado à produção	A
5.01.05.05.05	Fundo de Aposentadoria Programada Individual de Empregados Ligados à Produção	Contas que registram o valor total dos gastos efetuados com Fundos de Aposentadoria Programada Individual (FAPI), relativos ao pessoal ligado à produção.	A
5.01.05.05.07	Plano de Previdência Privada de Empregados Ligados à Produção	Contas que registram o valor total dos gastos efetuados com Planos de Previdência Privada, relativos ao pessoal ligado à produção.	A
5.01.05.05.09	Outros Gastos com Pessoal Ligado à Produção	Contas que registram os gastos com empregados, computados nos custos, não enquadrados nas contas precedentes. Atenção: não deve ser informado nessa conta o valor referente às participações dos empregados no lucro da pessoa jurídica. Esse valor deve ser informado na conta Participações de Empregados.	A

Código	Descrição / Título da Conta	Orientações	Tipo de conta
5.01.05.06.00	Prestação de Serviços por Pessoa Física sem Vínculo Empregatício	Contas que registram, salvo se houver conta mais específica, os gastos correspondentes aos serviços prestados por pessoa física que não tenha vínculo empregatício com a pessoa jurídica, tais como: comissões, corretagens, gratificações, honorários, direitos autorais e outras remunerações, inclusive as relativas a empreitadas de obras exclusivamente de trabalho e as decorrentes de fretes e carretos em geral, computadas nos custos.	A
5.01.05.07.00	Prestação de Serviço Pessoa Jurídica	Contas que registram, salvo se houver conta mais específica, o valor dos gastos correspondentes aos serviços prestados por outra pessoa jurídica à pessoa jurídica declarante, computados nos custos.	A
5.01.05.08.00	Serviços Prestados por Cooperativa de Trabalho	Contas que registram os serviços prestados por cooperativa de trabalho.	A
5.01.05.09.00	Locação de mão de obra	Contas que registram o valor total dos gastos efetuados no período com a contratação de serviços executados mediante cessão de mão de obra ou empreitada, inclusive em regime temporário, sujeitos à retenção de contribuição previdenciária, nos termos do art. 219 do Regulamento da Previdência Social – RPS, aprovado pelo Decreto nº 3.048, de 1999.	A
5.01.05.10.00	Encargos Sociais – Previdência Social	Contas que registram as contribuições para a Previdência Social (inclusive dos dirigentes de indústria – PN CST nº 35, de 31 de agosto de 1981), relativas ao pessoal ligado diretamente à produção.	A
5.01.05.11.00	Encargos Sociais – FGTS	Contas que registram as contribuições para o FGTS (inclusive dos dirigentes de indústria – PN CST nº 35, de 31 de agosto de 1981), relativas ao pessoal ligado diretamente à produção.	A
5.01.05.12.00	Encargos Sociais – Outros	Contas que registram encargos sociais, relativos ao pessoal ligado diretamente à produção, não classificados nas contas Encargos Sociais – Previdência Social ou Encargos Sociais – FGTS.	A
5.01.05.13.00	Alimentação do Trabalhador	Contas que registram os custos com alimentação do pessoal ligado diretamente à produção, realizados durante o período de apuração, ainda que a pessoa jurídica não tenha Programa de Alimentação do Trabalhador aprovado pelo Ministério do Trabalho.	A

Código	Descrição / Título da Conta	Orientações	Tipo de conta
5.01.05.14.00	Manutenção e Reparo de Bens Aplicados na Produção	Contas que representam somente os custos realizados com reparos que não implicaram aumento superior a um ano da vida útil prevista no ato da aquisição do bem.	A
5.01.05.15.00	Arrendamento Mercantil	Contas que representam o valor do custo incorrido a título de contraprestação de arrendamento mercantil de bens alocados na produção, segundo contratos celebrados com observância da Lei nº 6.099, de 12 de setembro de 1974, com as alterações da Lei nº 7.132, de 26 de outubro de 1983. Os custos com aluguel de outros bens alocados à produção, mediante contrato diferente do de arrendamento mercantil, devem ser indicados em "Outros Custos". Os valores referentes a bens que não sejam intrinsecamente relacionados com a produção devem ser informados na conta Arrendamento Mercantil do grupo DESPESAS OPERACIONAIS DA ATIVIDADE RURAL.	A
5.01.05.16.00	Encargos de Depreciação, Amortização e Exaustão	Contas que registram os encargos a esses títulos com bens aplicados diretamente na produção. Os encargos que não forem decorrentes de bens intrinsecamente relacionados com a produção devem ser informados na conta Encargos de Depreciação e Amortização do grupo DESPESAS OPERACIONAIS DA ATIVIDADE RURAL.	A
5.01.05.17.00	Constituição de Provisões	Contas que registram os encargos com a constituição de provisões que devam ser imputados aos custos de produção da empresa no período de apuração.	A
5.01.05.18.00	Serviços Prestados por Pessoa Física sem Vínculo Empregatício	Contas que registram, salvo se houver conta mais específica nesse plano referencial, os custos correspondentes aos serviços prestados à pessoa jurídica por pessoa física sem vínculo empregatício, relacionados com a atividade industrial da pessoa jurídica.	A
5.01.05.19.00	Serviços Prestados Pessoa Jurídica	Contas que registram, salvo se houver conta mais específica nesse plano referencial, os custos correspondentes aos serviços prestados por pessoa jurídica, relacionados com atividade industrial da pessoa jurídica declarante.	A
5.01.05.20.00	*Royalties* e Assistência Técnica – país	Contas que registram as importâncias pagas a beneficiário pessoa física ou jurídica, residente ou domiciliado no Brasil, a título de *royalties* e assistência técnica, científica ou assemelhada, que estejam relacionadas com a atividade industrial.	A

Código	Descrição / Título da Conta	Orientações	Tipo de conta
5.01.05.21.00	*Royalties* e Assistência Técnica – exterior	Contas que registram as importâncias pagas a beneficiário pessoa física ou jurídica, residente ou domiciliado no exterior, a título de *royalties* e assistência técnica, científica ou assemelhada, que estejam relacionadas com a atividade industrial.	A
5.01.05.90.00	Outros Custos	Contas que representam os demais custos da empresa no processo de produção, para os quais não haja conta mais específica ou cujas classificações contábeis não se adaptem a nomenclatura específica, tais como: custo referente ao valor de bens de consumo eventual; as quebras ou perdas de estoque, e as ocorridas na fabricação, no transporte e manuseio.	A

TIPO: A – analítica
S – sintética

5.6 SIGLAS CORRENTES

A grande variedade de siglas e termos utilizados atualmente nos textos que tratam sobre os diversos temas contábeis refletem as significativas mudanças ocorridas nos últimos 20 anos.

Com a presença da Tecnologia da Informação (TI) na vida das empresas, vários termos e siglas tornaram-se mais frequentes no dia a dia da profissão contábil.

Destacamos a seguir os termos e siglas mais frequentes nas esferas Municipal, Distrital, Estadual e Federal. Vale salientar que alguns deles são regionalizados e conhecidos apenas nas localidades onde são aplicados.

- Cadastro de Anúncios – **CADAN**
- Cadastro de Contribuintes Mobiliários – **CCM**
- Cadastro Geral de Empregados e Desempregados – **CAGED**
- Cadastro Nacional da Pessoa Jurídica – **CNPJ**
- Certificação Digital para CPF – **e-CPF**
- Certificado Digital para CNPJ – **e-CNPJ**
- Código Nacional de Atividade Econômica – **CNAE**
- Código Tributário Nacional – **CTN**
- Comissão Interna de Prevenção de Acidentes – **CIPA**

- Contribuição Social Sobre o Lucro – **CSL**
- Controle Fiscal Contábil de Transição – **FCont**
- Declaração de Contribuições e Tributos Federais – **DCTF**
- Declaração de Imposto de Renda Pessoa Jurídica – **DIPJ**
- Declaração de Imposto Retido na Fonte – **DIRF**
- Demonstração do Resultado do Exercício – **DRE**
- Demonstrativo Acumulado de Contribuições (PIS e COFINS) – **DACON**
- Documento de Arrecadação Federal – **DARF**
- Documento Auxiliar da Nota Fiscal Eletrônica – **DANFE**
- Documento Básico de Entrada do CNPJ – **DBE**
- Documento de Arrecadação de Receitas Federais – **DARF**
- Documento de Arrecadação do Simples Nacional – **DASN**
- Documento de Arrecadação Estadual – **DAE**
- Documento de Arrecadação Municipal – **DAM**
- Emissor de Cupom Fiscal – **ECF**
- Empresa de Pequeno Porte – **EPP**
- Escrituração Contábil Digital – **ECD**
- Escrituração Fiscal Digital – **EFD**
- Ficha Cadastral Nacional – **FCN**
- Fundo de Garantia do Tempo de Serviço – **FGTS**
- Guia de Informação e Apuração do ICMS – **GIA ICMS**
- Guia de Previdência Social – **GPS**
- Imposto de Renda Pessoa Física – **IRPF**
- Imposto de Renda Pessoa Jurídica – **IRPJ**
- Imposto sobre Circulação de Mercadoria e Serviços – **ICMS**
- Imposto sobre Circulação de Mercadorias e Serviços de Transporte, Comunicação e Energia Elétrica – **ICMS**
- Imposto sobre Produtos Industrializados – **IPI**
- Imposto Sobre Serviços – **ISS**
- Infraestrutura de Chaves Públicas Brasileira – **ICP-Brasil**
- Inscrição Estadual – **IE**

- Instrução Normativa da Secretaria da Receita Federal – **IN SRF**
- Livro de Apuração do Lucro Real – **LALUR**
- Microempresa – **ME**
- Nota Fiscal Eletrônica – **NF-e**
- Programa de Integração Social – **PIS**
- Sistema Nacional de Informações Econômicas e Fiscais – **SINIEF**
- Sistema Público de Escrituração Digital – **SPED**
- Taxa de Fiscalização de Anúncios – **TFA**

APÊNDICE
MODELO DE CONTROLE DE ENTREGA DE DECLARAÇÕES E OUTROS

DESCRIÇÃO	CONTROLE DE INFORMAÇÕES GERAIS			
	COMPETÊNCIA	PRAZO DE ENTREGA	DATA DA ENTREGA	OBSERVAÇÕES
Dacon				
DCTF				
DIF PAPEL IMUNE				
DIRF				
DMA				
DMS				
e-LALUR				
eSocial				
Fcont				
GEFIP				
IRPJ				
SPED CONTÁBIL				
SPED PIS COFINS				

EMPRESA BRASILEIRA MODELO S.A.
Controladoria Geral

MODELO DE ANÁLISE DE RESULTADO DE EMPRESAS DO GRUPO
EXERCÍCIO: 2014

Elaborado em:

INDICADOR / EMPRESA ======>	EMPRESA – 01	EMPRESA – 02	EMPRESA – 03	EMPRESA – 04
LIQUIDEZ CORRENTE (AC/PC)				
LIQUIDEZ SECA (AC – E) / (PC)				
LIQUIDEZ GERAL (AC+ANC) / (PC+PNC)				
IMOBILIZAÇÕES (I/PL)				
ENDIVIDAMENTO TOTAL (PC+PNC) / (AT)				
RENTABILIDADE DO PATRIMÔNIO (LL / PL)				
% DE RELAÇÃO LUCRO / RECEITA (LL / RT)				
CAPITAL DE GIRO PRÓPRIO (PL – AP)				
ATIVO CIRCULANTE				
ESTOQUES				
ATIVO NÃO CIRCULANTE				
IMOBILIZADO LÍQUIDO				
ATIVO PERMANENTE				
ATIVO TOTAL				
PASSIVO CIRCULANTE				
PASSIVO NÃO CIRCULANTE				
PATRIMÔNIO LÍQUIDO				
PASSIVO TOTAL				
RECEITA TOTAL				
RESULTADO DO EXERCÍCIO				

Legenda:

AC = ATIVO CIRCULANTE
E = ESTOQUE
ANC = ATIVO NÃO CIRCULANTE
I = IMOBILIZADO
AP = ATIVO PERMANENTE
AT = ATIVO TOTAL
AT = ATIVO TOTAL

PC = PASSIVO CIRCULANTE
PNC = PASSIVO NÃO CIRCULANTE
LL = LUCRO LÍQUIDO
LA = LUCRO ACUMULADO
PL = PATRIMÔNIO LÍQUIDO
RT = RECEITA TOTAL
RT = RECEITA TOTAL

EMPRESA BRASILEIRA MODELO S.A.

Controladoria Geral

<table>
<tr><th colspan="4">MODELO DE CONTROLE DE GARANTIA DE CONTRATOS</th></tr>
<tr><td>CONTRATO OU ADITIVO Nº</td><td>CLÁUSULA DE GARANTIA</td><td colspan="2">NOME DO CONTRATADO</td></tr>
<tr><td>0001/2014</td><td>13ª</td><td colspan="2" rowspan="2">EMPRESA BRASILEIRA MODELO S. A.
CNPJ:00.001.222/0001-00</td></tr>
<tr><td></td><td></td></tr>
<tr><td colspan="2">Início da vigência:</td><td>Fim da vigência</td><td>Valor total estimado em R$</td></tr>
<tr><td colspan="2">02-06-2014</td><td>31-05-2016</td><td>800.000,00</td></tr>
<tr><td colspan="2">Valor da garantia – R$</td><td colspan="2">Tipo de garantia</td></tr>
<tr><td colspan="2">40.000,00</td><td colspan="2">Moeda corrente/Desconto em fatura/Garantia bancária</td></tr>
<tr><td colspan="2">ÁREA RESPONSÁVEL ==></td><td colspan="2">Gerência de Produção</td></tr>
<tr><td colspan="4"></td></tr>
<tr><th colspan="4">Comentários e/ou esclarecimentos complementares</th></tr>
<tr><td colspan="4"></td></tr>
<tr><td>Data (d.m.a.)
____/____/____</td><td colspan="2">Assinatura do responsável =====></td><td></td></tr>
</table>

MINISTÉRIO DA FAZENDA SECRETARIA DA RECEITA FEDERAL DO BRASIL SISTEMA PÚBLICO DE ESCRITURAÇÃO DIGITAL – SPED	Versão: 2.2.9

RECIBO DE ENTREGA DE LIVRO DIGITAL

IDENTIFICAÇÃO DA EMPRESA OU SOCIEDADE

NIRE	CNPJ
NOME EMPRESARIAL	

IDENTIFICAÇÃO DO LIVRO DIGITAL

FORMA DA ESCRITURAÇÃO CONTÁBIL Livro Diário	PERÍODO DA ESCRITURAÇÃO
NATUREZA DO LIVRO DIÁRIO GERAL DIGITAL	NÚMERO DO LIVRO
IDENTIFICAÇÃO DO ARQUIVO (HASH)	

ESSE LIVRO FOI ASSINADO COM OS SEGUINTES CERTIFICADOS DIGITAIS:

QUALIFICAÇÃO DO SIGNATÁRIO	CPF	NOME	Nº DO CERTIFICADO	VALIDADE

NÚMERO DO RECIBO:
XX.X.XX.X.XXX.X.XXX.XX

Escrituração recebida via Internet Pelo Agente Receptor SERPRO Em ....

BIBLIOGRAFIA

COLANGELO FILHO, Lucio. *Implantação de sistemas ERP*: um enfoque de longo prazo. São Paulo: Atlas, 2001.

HEHN, Herman F. *Peopleware*: como trabalhar o fator humano nas implementações de sistemas integrados de informação (ERP). São Paulo: Gente, 1999.

SANTOS, Cleônimo. *Auditoria contábil*: aspectos teóricos e práticos. São Paulo: IOB, 2012.

SPED. Receita Federal do Brasil. Disponível em: <http://www1.receita.fazenda.gov.br/sped/>. Acesso em: 5 abr. 2014.

Formato	17 x 24 cm
Tipografia	Charter 11/13
Papel	Alta Alvura 90 g/m² (miolo)
	Supremo 250 g/m² (capa)
Número de páginas	224
Impressão	Bartira Gráfica

aqui Cole aqui

Sim. Quero fazer parte do banco de dados seletivo da Editora Atlas para receber informações sobre lançamentos na(s) área(s) de meu interesse.

Nome: ______________________________

______________ CPF: ______________ Sexo: ○ Masc. ○ Fem.

Data de Nascimento: ______________ Est. Civil: ○ Solteiro ○ Casado

End. Residencial: ______________________________

Cidade: ______________ CEP: ______________

Tel. Res.: ______________ Fax: ______________ E-mail: ______________

End. Comercial: ______________________________

Cidade: ______________ CEP: ______________

Tel. Com.: ______________ Fax: ______________ E-mail: ______________

De que forma tomou conhecimento deste livro?

☐ Jornal ☐ Revista ☐ Internet ☐ Rádio ☐ TV ☐ Mala Direta

☐ Indicação de Professores ☐ Outros: ______________

Remeter correspondência para o endereço: ○ Residencial ○ Comercial

aqui

Indique sua(s) área(s) de interesse:

○ Administração Geral / Management
○ Produção / Logística / Materiais
○ Recursos Humanos
○ Estratégia Empresarial
○ Marketing / Vendas / Propaganda
○ Qualidade
○ Teoria das Organizações
○ Turismo
○ Contabilidade
○ Finanças
○ Economia
○ Comércio Exterior
○ Matemática / Estatística / P. O.
○ Informática / T. I.
○ Educação
○ Línguas / Literatura
○ Sociologia / Psicologia / Antropologia
○ Comunicação Empresarial
○ Direito
○ Segurança do Trabalho

Corte aqui

Comentários

____

____

____

ISR-40-2373/83

U.P.A.C Bom Retiro

DR / São Paulo

CARTA - RESPOSTA

Não é necessário selar

O selo será pago por:

01216-999 - São Paulo - SP

REMETENTE:

ENDEREÇO: